新ブリッジブック

鳥瞰 民法(全)

河上正二 著

JN044588

信山社
Shinzansha

はしがき

　本書は、法学部に入ったばかりの初学者、法学部以外の学生達、民法に興味がある公務員、さらには留学生や、法律とはあまり縁のない市民を名宛人として、「民法」のコンパクトな概説を提供しようとするものである。だからといって、決して手は抜いてはいない。「わかりやすさ」やコンパクトであることは、決してレベルを下げて語ることを意味しない。筆者としては、全力投球で作業をしたつもりである。

　読者は、できれば小型の六法を手元に置いて、出てきた条文を引く習慣を身につけてほしい。市民社会の基本ルールに関わる民法は、さまざまな生活の局面で、かならず生き方を示すヒントになる。民法を学ぶことは、今の社会を生きる人々にとって、かなり重要な作業である。今こそ、現代日本社会の基本ルールに立ち戻ってみよう。

　本書の分量は、大学で講義を聴く場合2単位には、(90分15コマ)程度を想定している。かなり詰め込んだ感じがないではないが、できるだけ枝葉をはらって、民法の基本となる「幹」の部分に焦点を当てて全体を鳥瞰した。留学生の存在を強く意識して、重要な言葉や難読文字も含め積極的にルビを振った。

法はよそよそしい?　　今日の日本社会では、正面から「法の支配」や「権利」を語ることに、さほどの違和感はない。多くの場合、「法と正義」は、有力な武器となって

個人の権利を守り、その社会活動を支援する。「法治国家」としての日本の在り方に疑いを抱く者は、おそらくいまい。にもかかわらず、どこか法に「よそよそしい」感覚を持つ人も少なくない。あるいは、「自由な個人」が社会制度の中核に置かれ、それらの法主体間での権利・義務を語ること自体が、我が国では、ヨーロッパ型民法典によってもたらされた社会観・秩序観の大転換であったのかも知れない。それほどに、伝統的な日本社会の諸ルールは、良きにつけ悪しきにつけ、全体の中の構成員としての役割期待と、全体への調和への要請に満ちている。例えば、何らかの利益衝突が起きたとき、人はよく「お互いさま」を語る。意見の相違も多数決で黒白を決するよりは、全員一致をもとめて話が錬り上げられる。さまざまな対立も、うまくことが運べばよしとして、争いごとは「水に流し」、どこに問題があったのかを最後まで明らかにすることを避けようとする。

義理と誠実と作法　人は、とくに債務があるわけではなくとも、一定の経緯から、「恩に報いる」ことが必要であると感じたり、「義理を果たす」ことを期待されたりもする。権利主張にしても、しばしば、自己利益の明示的追求は「品のない」態度として嫌われ、自己主張が文字通り「我が儘」として消極的評価を受けつつ、ため息とともに受容される。また、徹底的な個人の責任追及は「むごい」こととして回避される。責任問題で個人が表にでるのはまれで（集団を守るためのスケープ・ゴートとなることはある）、人々は、互いに相手に恥をかかせないように配慮し、好ましくない行為については、制裁が加えられるより、自ら

「恥を知る」ことを求められる。さらに、人々は、誤解を受けても弁解を潔しとせず、自らの信義を行動で貫くほかない事態に陥ることもある。総じて、言葉やロジックに対する信頼は、ある段階で空回りを始め、本音と建前の世界が承認される。少なくとも日常の行動規範は、きわめて曖昧で、「人の道」や「誠実さ」のように倫理的響きを持つ場合が多く、さもなくば、ごくごく方式化された「作法」の陰に善悪や醜美の価値評価が隠されることも稀ではない。人々は、空気を読み、互いに相手の気持ちを察して行動することを要求され、他面で自分の気持ちも察してもらえるとの「甘え」を持つ。そして、しばしば問題が、金銭よりも「体面」や「名誉感情」に結びつく。

見えざる社会規範　もちろん、こうした状況は時代とともに変化している。しかしなお多くの局面で、日本社会は「見えざる社会規範」に縛られつつ、西洋法規範の法形式を受け入れているのが実態ではないか。より具体的な制度に分け入ってみると、例えば「契約自由」や「自己責任」原則といった近代市民法の大原則を形の上では承認しつつも、社会の現実では、それが必ずしも想定された機能を果たさず、別の原理に動かされている可能性は高い。こうした感覚のどれほどが、日本的なものであるかは定かでない。しかし、日本で少なからず観察されるそうした曖昧な感覚の存在が、法の世界でどのように作用するかを考えておくことも必要である。なるほど、上述のような社会は、一面で、ソフトで居心地のよい世界であるかも知れない。

個人の自立と尊厳

しかし、ときに、「個」の責任や義務がきわめて曖昧となり、しばしば、不条理な感情や世間体、力関係が「個」を抑圧し、不文の規範に縛られて、相対的「弱者」や声の小さい「善人」が、不条理な「寛容」と「我慢」を強いられる結果となるのも事実である。正面から何が「公正」であるかを語り合い、単なる共同体ではない「社会」の構成員たる自覚や責任意識と各人の「個」を確立することは、現代日本においても、なお重要な課題というべきであろう。個としての自覚を持ち、社会的責任感を伴った、理性的で力強い意思を有する自由な個人こそ、真にその社会における自由の利益を享受するに相応しい存在だからである。

民法の課題

およそ民法教育・研究の課題は、民事の紛争解決に関する先人の知恵の集積を新しい時代に伝えることを通じて、広い意味での問題解決能力や分析力・判断力、解決に至る思考力や、これを実現するだけの論理的な展開力など、さまざまな要素を含む、かなり一般的な能力を育むことである。かならずしも実務法曹にならない法学部の大多数の卒業生は、法を学ぶことで、ある程度普遍的な有用性を発揮しているのではないか。いささか我田引水かもしれないが、民法は、そのような能力を磨き上げる主要な素材を提供してきたといって良い。民法の扱う対象が、最も基本的な社会生活関係や私人間の利害対立に係る分野の事柄であるために、ベーシックな権利・義務関係の在り方を語るのに適していよう。現に、法一般に通じる基本的道具概念や思考枠組みの多くが、民法上の議論から生み出されてきた。つまり、

民法教育の最終目標は、「正しさ・公正さ」に裏打ちされた判断力と問題解決能力に優れた人間を育てることにある。もちろん、法律家や行政マンが、正しさや公正さに裏打ちされた良い問題解決を導くことができるかは、法を運用する者としての優れた人間性と、依るべき法の精神に対する理解の深さに依存しているわけであるから、単なる知識や条文操作の技法を超えた、民法のバック・グラウンドに対する視野の広さと、判断の柔軟性が特に強調されなければならない。

　民法の学習にとって必要なことは、確かに、民法の基礎的な知識である。一般に、豊富な「語彙」が人間の思考の展開を助けるように、ものごとを深く考えるには、素材となるものの基本概念や道具がきちんと身についていることが必要である。はじめて自転車に乗ったり水泳するのとは異なり、バランス感覚やリーガル・マインドといった精神論を振り回して体験型教育を試みても、意味がないばかりか有害ですらある。「固定観念を捨てよ」という人もいるが、捨てるだけの固定観念もない者は、迷うばかりであろう。なるほど、一定の調査能力さえ身につけておれば、いたずらに細かな知識を要求する必要はないが、思考の前提をなす概念や制度理解は、決定的に重要である。そうした知識は、現実の問題に遭遇して、適切に対処する場合に、基本のマトリックスを提供し、混沌とした事実を照らし出すサーチライトとして機能してくれるからである。体系的理解を深めたり、制度の趣旨や基本的考え方を把握することの重要性は、どれほど強調しても強調しすぎることはない。

　民事紛争の解決は、最終的には、人々の利害調整を求めており、裁判を通じての法的紛争解決は、そのごく一部しか担っていな

い。特に、特定の法的観点をめぐっての法廷での攻防は、類似する紛争そのもののごく限られた局面でしかない。人間関係のより良い調整のために、その限界をわきまえながら、民法がどのように機能すれば役立つかを、しっかり考えていくことが最も重要なことであり、民法学は究極的には「人間学」であることを改めて強調したい。

　民法を学ぶことが、単なる条文操作の技法を習得することではなく、多様な価値観や感情を持って生活する、ごく普通の人々の営みを対象とする人間学であることを意識して、より広い視野を持って、民法の諸制度の理解を深めてくれるならありがたい。正しい法的知識と柔軟な思考力、適切な条文操作能力、しなやかな状況対応力、そして説得力のある論理展開能力、そこに法律家としての衡平感覚と他者への共感の力が合わさることが望ましい。こうした力は、地道な学習の積み重ねの中で、しだいに磨かれていくべきものであると信じたい。このような所信は、私自身に対する戒めでもある。民法の鳥瞰の旅を終えられた皆さんが、更に進んだ学習へと進んでいただけることを祈念して、本書を世に送る。

　最後になったが、出版事情の大変な中で、筆者の意図をよく理解した信山社の袖山貴、稲葉文子両氏からは、体裁や紙面構成を含め、出版に向けて数多くの助言をいただいた。お二人の尽力がなければ、本書はとうてい日の目を見ることはなかったろうと思われる。ここに、深く謝意を表したい。

本郷にて　　河上　正二

（2021 年 8 月）

目　　次

第 1 節

序　説

1　民法と民法典

民法とは　一般に、国や地方公共団体と一般市民との関係規律を対象とする法領域を公法と呼ぶのに対し、市民間の私的生活関係の規律を対象とする法を私法と呼ぶ。この、私法について一般的に妥当する基本ルールを定めたものが、民法である。つまり、民法は、私人間における社会の基本的構成原理と行為規範を定めた規範群を指している。

一般法と特別法　一般市民の私的生活関係を対象とする法律は、民法の他にも数多く存在する。たとえば、商法・会社法・労働基準法・消費者契約法・借地借家法・利息制限法・信託法・製造物責任法・割賦販売法・特定商取引法など、枚挙にいとまがない。これらの法律は、それぞれ、ある特定の人の属性や問題対象に限定された規律を定めており、一般法である民法との関係では、特別法（民事特別法）としての性質を持つ。同一の事実関係に対して、特別法の規律が存在する場合で、一般法との内

容が異なるときは原則として特別法が優先する。特別法は、通常、一般法を補充・修正する目的で定められたものだからである（重畳適用の場合もあるので注意）。形式的意味で言えば、民法は一般法である民法典とこれに関連する付属法典の集合を意味する。

民法の歴史　　民法の歴史は古く、その淵源は古代ローマにまで遡る。「ローマは三度世界を征服した」と言われるように、武力・宗教とならんで、その法的思考様式は、今日に至るまで大きな影響を及ぼしている。古代ローマ人は、公法・私法を二分した上で、私法の領域の中心に「自由市民」を据え、人・物・行為（訴権：*actio*）の三要素の組合せで法的諸関係を考察した。人と人、人と物、物と物の相互の関係が、訴訟上の行為（訴権）で結ばれたのである。古典期ローマ法は、ユスチニアヌス帝によって 529 年から 534 年にかけて編纂された「ローマ法大全（*Corpus Iuris Civilis*）」にまとめられた。これが中世の暗黒時代をノアの方舟のように生き抜き、やがて 11 世紀のボローニャで再生し、その後の学問的彫琢を経ながら大陸法における近代民法典の基礎を提供することになった。日本民法典の内容の大部分は、旧来の日本で通用していた法規範や慣行などをもとに形成されたものではなく、ヨーロッパを中心とする諸外国の制度や規定を参考にして、これに若干の修正を加えて作られたものであり、その意味では、日本民法もまたローマ法圏に属するものである。

* 【民法典の成立と変遷［若干の特別法を含む］】

明治3（1870）年　太政官府に制度取調局を設置（長官：江藤新平）

　　　　　　　　　フランス民法典の翻訳作業

　　　　　　　　　cf. 富国強兵・不平等条約撤廃

明治12（1879）年　パリ大学教授ボアソナード（Boissonade）に日
　　　　　　　　　本民法の起草を委嘱

明治23（1890）年　「旧民法」（ボアソナード民法）公布→明治26
　　　　　　　　　（1893）年1月1日より施行予定

明治25（1892）年頃〜　「民法典論争」　→　施行延期派の勝利

　　　　　　　　　施行延期派の旧民法批判：穂積八束「民法
　　　　　　　　　出デテ忠孝亡ブ」

　　　　　　　　　明治26（1893）年　法典調査会設置（起
　　　　　　　　　草委員：穂積陳重、富井政章、梅謙次郎）

　　　　　　　　　cf. ドイツ民法第1草案

明治29（1896）年4月27日　民法・前三編の公布

明治31（1898）年6月21日　民法・後二編の公布

明治31（1898）年7月16日　民法の施行

［大正10（1921）年　借地法・借家法の制定］

昭和22（1947）年12月22日　親族・相続編の大改正→昭和23
　　　　　　　　　　　　　　（1948）年1月1日施行

［昭和22（1947）年　戸籍法］

［昭和30（1955）年　自動車損害賠償保障法］

［昭和36（1961）年　割賦販売法］

昭和37（1962）年　改正　失踪宣告期間（30条、31条）/
　　　　　　　　　　　　　同時死亡の推定（32条ノ2）/

　　　　　　　　　　　特別縁故者制度（958 条ノ 3）など

　　　　　　　　　［建物の区分所有等に関する法律（区分所有権法）］

　［昭和 41（1965）年　借地法・借家法の大改正］

　昭和 46（1971）年　改正　根抵当制度の創設（398 条ノ 2 以下）

　昭和 51（1976）年　改正　離婚復氏

　［昭和 51（1976）年　訪問販売法］

　［昭和 53（1978）年　仮登記担保法］

　昭和 55（1980）年　改正　配偶者相続分の改訂（900 条）/
　　　　　　　　　　　　　　寄与分制度（904 条ノ 2）

　昭和 62（1987）年　改正　特別養子制度（817 条ノ 2 以下）

　［平成 3（1991）年　新・借地借家法］

　平成 6（1994）年　家族法改正案（夫婦別姓、被嫡出子の相続分、
　　　　　　　　　　　離婚事由の改訂など）

　［平成 6（1994）年　製造物責任法］

　［平成 10（1998）年　動産債権譲渡特例法］

　平成 12（2000）年　成年後見法（民法典の改正など）　→同年 4 月
　　　　　　　　　　　1 日施行

　［平成 12 年　消費者契約法・金融商品販売法・特定商取引法など］

　平成 13（2001）年　中間法人法・電子消費者契約法・電子承諾通
　　　　　　　　　　　知法など

　［平成 15（2003）年　担保・執行法の改正］

　平成 16 年（2004）年　民法現代語化法

　［平成 18（2006）年　一般社団法人及び一般財団法人に関する法律］

　［平成 19（2007）年　電子記録債権法］

　［平成 25（2013）年　マイナンバー法］

　　［平成 27（2015）年　個人情報保護法］

　　平成 29（2017）年 5 月　民法（債権関係）改正　→令和 2（2020）
　　　　　　　　　　　　　　年 4 月 1 日施行

　　平成 30（2018）年　家族法の改正　→令和 4（2022）年 4 月 1 日
　　　　　　　　　　　　成年年齢引き下げ、施行

2　日本民法典の編纂　● ● ●

（1）ヨーロッパ法の継受

法の継受　　ある国が、他の国の法制度を一括して採用すること
を法の継受という。日本民法典は、基本的に、明治
の初期にヨーロッパ法を継受して出来上がった輸入品である。
もっとも、その作業の経緯からすると、日本民法は、さまざまな国
の法を参考にしつつ練り上げられた「比較法学の果実」でもある。
無論、それまでの日本に「法」が存在しなかったわけではなく、古
くは 7 世紀末に中国（唐）の律令を継受した大宝律令（701 年）
や、その修正である養老律令（757 年）などがあり、行政法や刑法
を含む様々な法規範の存在が知られている。また、江戸時代の文学
作品（例えば、井原西鶴の作品『日本永代蔵』など）には身分関係や
私人間の取引を規律した慣習法がしばしば紹介されている。興味深
いことに、江戸時代には、庶民間の争いごとを最終的に処理した公
事制度（これは「本公事」と「金公事」に分かれる）があり、これを
利用するために、江戸に出向いた人々が泊まった「公事宿」の主人
は、その経験から、職業的な法律相談のはしりと見られる活動さえ
していたという（高橋敏『江戸の訴訟』岩波新書、1996 年、中舎林太

郎『江戸時代庶民の法的知識・技術』日本評論社、2011 年）。民法典編
纂過程では、全国的な慣行調査も行われ（「民事慣例類集」(1877)、
「全国民事慣例類集」(1880))、これが、わずかながらも参考にされ
た。しかし、基本的には、当時の政府の考え方は、欧米の法に学ん
で日本を近代国家として再生し、いわゆる安政の「不平等条約」
を改正し、富国強兵政策によって日本の地位を保全することを第
一とするものであった。そのため、日本固有の法観念や秩序に対す
る充分な反省を経ることなく、立法への準備作業が大急ぎで進めら
れた。このことは、後に司法卿となった江藤新平が、箕作麟祥
に命じて「可及的速やかに（誤訳も畏れず）」近代民法として知ら
れていたフランス民法典を翻訳して、これを日本民法典としようと
したことにも端的に現れている。江藤は、日本が諸外国と並び立つ
には、国の富強が必要であり、この富強のもとは「国民の安堵」
にあり、この安堵のもとは、「国民の位置を正す」こと、つまり政
府と国民の関係や、訴訟の法律、身分関係の整備、財産法上の規定
の整備であると考えた。日本民法典の、このような生い立ちは、法
と現実社会との乖離や軋轢を生んだだけでなく、本来、西欧近代民
法典がその背景としていた個人の人権擁護を中心とする近代的法思
想の果実を、法制度の基礎から切り離し、もっぱら富国強兵の手
段として、日本に「民法」という新しい技術的制度を導入する結果
となった。近代市民法の精神を汲み上げて日本に定着させる作業
は、次の世代の課題となったのである。

(2) 民法典の編纂
1)「旧民法」の編纂など

ボアソナードの旧民法　　民法典の編纂作業は、既に明治3（1870）年の夏頃から開始されたが、当初の作業は立法に直結しなかった。条約改正交渉が新段階に入った明治13（1880）年6月に元老院内に民法編纂局が設置され、ここを中心に立法への動きが本格化した。明治12（1879）年には、司法省の法学校（「明法寮」、のちの「司法省法学校」（1877）、「東京法学校」（1884）で、最終的に東京大学法学部に合併（1885）された）で裁判官養成のためにフランスから招聘された法学者ボアソナード（Gustave Emil Boissonade, 1825-1910）に、民法草案の起草が委嘱された。家族法の部分については、日本の伝統的な風俗や習慣を斟酌すべきであるという理由で、数人の日本人委員が起草に当たった（ボアソナードについては、大久保泰甫『ボアソナアド：日本近代法の父』[岩波新書、1977年]参照。旧民法の内容は、我妻栄編『旧法令集』（有斐閣、1968年）参照）。起草作業は難航をきわめたが、ボアソナードの手になる財産法部分（財産編・[相続をのぞく]財産取得編・担保編・証拠編）は、明治21（1888）年に提出され、さらに家族法を含む全体の成案が明治23（1890）年に出来上がった。草案は、元老院、枢密院での検討を経て、財産法が明治23（1890）年4月、家族法が同年10月にそれぞれ公布され、施行は明治26（1893）年1月1日とされた（これが「旧民法」と呼ばれるものである）。旧民法は、財産編・財産取得編・債権担保編・証拠編・人事編の5編からなり、基本的にフランス民法典を範として、ローマ法以来の「インスティツチオーネン方式」を採用したが、フランス

民法典の三部構成とはかなり異なる。とりわけ、「財産編」の内容は、起草者のボアソナードの自然法的思考に導かれ、フランス法を基礎としつつも、ベルギー法、イタリア法なども参考にして練り上げられた。

　この時点で、我が民法典には、未だ「総則編」が存在しない。たとえば、「代理」は、委任契約のところに規定され（いまでも第104条の「委任による代理人は」という表現などにその痕跡がある）、「法律行為」の問題は、「契約」や「遺言」などの具体的な行為と結びついて規定されていた。また、相続は「財産取得」の一形態として扱われ、優先的満足を得る債権は、物権法上の「先取特権」として位置づけられるといった具合に、機能的連関が重視されている。ちなみに、ドイツ法で強調される「物権行為と債権契約の峻別」、「物権行為の独自性」の理論などは、この段階では、「無益なもの」として退けられている。

戸籍法・登記法　身分関係の確定にとって重要な戸籍法は、明治4（1871）年に早くも単行法として公布され、翌年からは全国的な戸籍編成が本格化し、明治6（1873）年には、全国の戸籍簿3万余冊が完成した（編成が始まった明治5年の干支にちなんで「壬申戸籍」と呼ばれる）。この戸籍制度の運用の中で、戸主の戸籍上の届出権などを通じて、「家」制度が実質的にも支援され、そこでの身分関係が形成されていった。住民登録・親族登録・国民登録の三種の機能を果たしてきた日本の戸籍制度は、良きにつけ悪しきにつけ身分確定の制度として世界に冠たるシステムであり、後の「民法典」における家族法が白地規定的で、確たる家族

関係上の権利・義務や価値観を提示できなかったこともあって、人々の意識形成にも少なからぬ影響力を持った（このことにつき、水野紀子「戸籍制度」ジュリスト 1000 号（1992）163 頁以下）。また、土地に関しては、明治 5（1872）年に、土地所有権を体現する「地券」制度が導入され（これは明治 7（1874）年に着手された「地租改正」の動きとも連動している）、のちにプロイセン不動産登記条例を参考にした明治 19（1986）年の「登記法（明治 19 年法 1 号）」へと引き継がれていく。

2）「民法典論争」

民法典論争

旧民法が公布されて後（これを前提とする「商法」とともに）、にわかに、その施行に対する反対論がわき起こった。予定どおり民商法を施行すべしとする「断行派」と、我が国の国情に合わないとしてこれに反対する「延期派」の争いは熾烈を極め、学者の間だけでなく、第 1 回帝国議会でも議論されて政治問題化した。この「民法典論争」における意見対立の根本的理由がどこにあったかは必ずしも明らかではない。政府の民法制定の拙速主義に対する批判（立法技術上の稚拙さへの批判）だけでなく、フランス法派とイギリス法派の学問上の派閥的対立、進歩派と保守派の政治的・思想的対立（井上＝大隈の条約改正方針に反発したナショナリズムの昂揚）、さらには、封建的家族主義についての考え方の対立（民法は我が国の「淳風美俗」に反する）などが複雑に反映していた。いずれにせよ、明治 22（1889）年 5 月に発表された「法典編纂ニ関スル法学士会ノ意見」が導火線となって、「民法典論争」は激しい議論を巻き起こし、結局、明治 25（1892）年の第 3 回帝国議会における「民法商法施行延期法律案」の成立によっ

て、旧民法・商法の施行が明治 29（1896）年まで延期されること
になり、最終的に、旧民法は明治 31（1898）年、商法は明治 32
（1899）年まで、宙（ちゅう）に浮いて施行されないままとなった（会社法・
手形法・破産法の部分だけは、明治 26（1893）年に施行された）。

3）現行民法典の編纂へ

施行 100 年を迎えた民法典　　　明治政府は、明治 26（1893）年 2
月に、内閣のもとに法典調査会を
設置し、日本人委員各 3 名を起草委員として旧民法・商法の修正
作業に取り組んだ。このとき、民法修正案（みんぽうしゅうせいあん）の起草作業の中心と
なったのが穂積陳重（ほづみのぶしげ）（1855-1926）・富井政章（とみいまさあき）（1858-1935）・梅謙次（うめけんじ）
郎（ろう）（1860-1910）の三人である。穂積は、イギリス・ドイツで学ん
で、明治 14 年に帰朝し、法理学講座（ほうりがっこうざ）を創設（そうせつ）した理論家であり、い
わゆる延期派（えんきは）に属していた（ちなみに、弟の穂積八束（やつか）（1860-1912）
は公法学者で、美濃部達吉の「天皇機関説」に対抗するとともに、ボア
ソナード旧民法に対しても、「民法出でて忠孝亡（い）ぶ（ちゅうこうほろ）」と論難したことで
有名な保守派の論客である）。富井は、フランスに学んで明治 16 年
に帰朝（きちょう）したが、穂積の影響を受けてドイツ法学を重視（じゅうし）し、やはり
延期派に属していた。これに対し、梅は、フランス・ドイツに学ん
で明治 23 年に帰朝し、ボアソナード旧民法を高く評価して、断行（だんこう）
派（は）として活躍（かつやく）した人物である。おそらく、梅の博識（はくしき）と類い希（たぐいまれ）な調（ちょう）
整能力（せいのうりょく）なくしては、日本民法典の速やかな制定は不可能であった
ろう。旧民法の修正事業と審議（しんぎ）は、たいへんな密度で集中的に遂行（すいこう）
され（約 5 年間に 230 回）、総則・物権・債権（そうそく・ぶっけん・さいけん）の 3 編は全ての審議を
終え、明治 29（1896）年 1 月の第 9 回帝国議会に上程（じょうてい）されて、若
干の修正の後、同年 4 月に公布（こうふ）された（帝国議会での立法関連資料

梅・富井・穂積の切手像

は、広中俊雄編・民法修正案（前三編）の理由書［有斐閣、1987］、同編・第九回帝国議会の民法審議［有斐閣、1986 年］に見事にまとめられている）。やや遅れて、親族・相続の 2 編は、明治 30（1897）年 12 月の第 11 回帝国議会に上程され、翌年 6 月に公布された。こうして、明治 31（1898）年 7 月 16 日に現行の「民法典」が施行され、ドイツ民法典（1900 年 1 月 1 日施行）に先駆けて、日本民法は施行百周年を経たわけである。

＊【日本民法典の立法資料】　民法調査会を中心とする修正過程での議論は、法典調査会民法議事速記録、法典調査会民法主査会議事速記録、法典調査会民法総会議事速記録、法典調査会民法整理会議事速

　記録などで知ることができる。現在では商事法務研究会・日本近代立
法資料叢書の一部として復刊されている。さらに、本格的な『日本民
法典資料集成』（信山社）が、広中俊雄教授の手によって刊行中であっ
たが、現在中断している。

【日本民法典の淵源】　河上・歴史の中の民法 63 頁

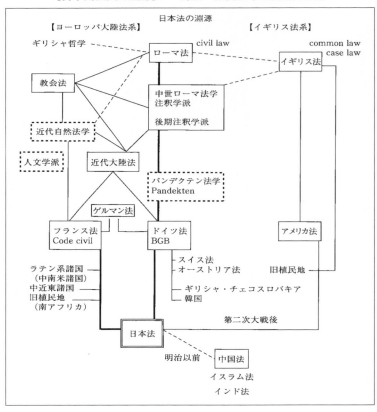

修正民法と法学 　修正作業は、（反対派を説得するために）従来喧伝されていたほど大幅なものではなく、むしろ旧民法の半分以上が維持された。その意味で、我が民法は、ボアソナードを通じてフランス法を母法とする制度や規定をかなり継受している（星野英一「日本民法典に与えたフランス民法の影響」同『民法論集第1巻』［有斐閣、1970年］所収）。しかし同時に、修正作業では、ドイツ民法草案をはじめ、約20カ国の諸外国の立法・判例などが参考とされ、日本に適合的な固有のルールが懸命に模索されたことも事実である。従って、日本民法典は、決してフランス法やドイツ法を母法とした単純なコピーではなく、かなり独自の配慮のもとで形成された「比較法の果実」というべきものである（穂積陳重と八束を素材に当時の法学者の奮闘ぶりを描いた内田貴『法学の誕生』（筑摩書房、2018年）参照）。

パンデクテン体系 　旧民法からの主な修正点は、第1に、その編別にある。当時、既に公表されていたドイツ民法典第一草案、第二草案などを参考にして、新たに総則編を設け、これに物権・債権・親族・相続を加えた全5編で再構成された。ドイツ型の、いわゆるパンデクテン体系（Pandektensystem）を採用したわけである。共通するルールを抽出し、一般ルールとして前に押し出して「総則」としてまとめあげ、概念のピラミッドを形成することは、個別問題に関する適用条文のまとまり具合という点では不便があるとしても、思考経済や法学教育上の便宜、体系的整理による条文の簡素化といったメリットがあった。第2に、とくに総則編で「法人」制度、「法律行為」制度などのドイツ法学

の成果が採用されている。第3に、規定の簡素化のため、旧民法典に多数含まれていた、自明と思われる定義規定や、大原則を示した規定、契約の解釈方法についての規定、分類に関する規定などが整理・削除された。ただ、その際、それらの規範としての妥当性が否定されて削除されたわけではないため、今日でも、これらの不文の諸原則は、大きな意味を持っている（椿寿夫＝中舎寛樹『新・条文にない民法』日本評論社、2010年）。かつては、日本民法典の体裁が、ドイツのパンデクテン法学の成果に負っていることから、ドイツ法学の影響が過大に喧伝されることがあった（「延期派」からの旧民法への批判をかわすためにも、それは戦略的に必要な説明でもあった）。しかし、債権行為と物権行為を厳密には区別しないこと、不法行為についての一般条項を持つことなど、基本部分ではドイツ法的というよりフランス法的なものも多く、他方で、損害賠償の範囲を定めた民法416条の淵源がイギリス判例法にあることなども今日ではよく知られている。このように、日本民法が特定の国の法制度を一面的に継受したものと語ることは適切でない。しかも、ドイツ民法典、フランス民法典にくらべ、条文数が約半分という日本民法典の姿を見ても、簡潔なルールを求めた立法者達の苦心が偲ばれる。

4）学説継受

学説継受とは　民法典編纂直後の日本民法学の中心的作業は、その実際上の適用のために、新たに制定された法典の内容を分析し、それを論理的に矛盾のないように解釈するという、狭義の民法解釈学であった。しかし、法典内容が基本的には外来のものである以上、日本にはなお固有の学問的蓄積が乏し

く、諸外国の学問的成果に大きく依存せざるを得なかった。しかも、さまざまな要因から、体系的かつ論理的なドイツ法学の成果が最も参考とされた。このことは、法の解釈に特異な現象を生んだ。たとえば、本来はフランス法的沿革を持つ条文さえ、ドイツ式の体系や概念に再構成して説明することが行われた。この経過は、ローマ法の大陸法への「法の継受」になぞらえて「学説継受」と呼ばれる（北川善太郎『日本法学の歴史と理論』［日本評論社、1968年］24頁以下）。今日なお語りつがれる「物権行為の独自性理論」、損害賠償における「相当因果関係論」などは、こうした時代の産物である。

（3）新憲法と家族法改正

家族法の変遷　　現在の日本の家族法は、旧民法典の発展形態というより、第二次大戦後に新憲法の下で、根本的に変化し、そこから新たにスタートしたと言った方がよいほど理念的大転換を経験した。もっとも、内容的にみて、どこまで踏み込んだ実効的な規定化がなされたかとなると疑問で、多くは裁量余地の多い一般条項的白地規定で埋められているのが現状である。

旧民法では、旧来のいわゆる「家」制度がなお温存され、全ての家族構成員に権利能力こそ認められたものの、長男単独相続制によって家産が戸主の手に集中され、既存の家の経営維持が図られていた。戸主と家族の関係は、実質的には権力的支配服従関係にあり、戸主の家族に対する入籍許諾権、婚姻・養子縁組許諾権といった身分行為に対する同意権に見られるように、法的にも「家」制度が支援された。つまり、近代的財産法たる旧民法は、戸主の手

に家産と権力（戸主権）を集中して、既存の「家」経営の維持・存続をはかりつつ、形の上では、そのような「家産」を伝統的な家族的拘束を脱した戸主の個人財産に転化した上で、その自由な流通を保障するという、いささかねじれた形で財産法と家族法の整合性をはかっていた。ちょうどローマにおける古い家父長制と旺盛な取引に適合的な法秩序の奇妙な調和にも似た状況が、戦前の日本の家族法の特徴ともなっていたわけである。

近代家族法　「個人の尊厳」と「両性の本質的平等」を基本とした、近代的家族法の確立（「家」制度の廃止、自由な婚姻、諸子均分相続など）は、大正デモクラシーを経て、未曾有の戦禍の果てに、新憲法（特に第24条、14条等）とともに、やっと手に入れた貴重な成果といえよう。ただ、残念なことに、家族法では、極端なまでに「家族・当事者の自治」が貫かれ（それは一面で進歩的でもあるが）、家族内部での弱者の権利保護や人格権保護への配慮が必ずしも充分ではない。情緒的世界で白地規定を多用すると、当事者の恣意や放縦に充分対処できないか、逆にいきすぎた介入をもたらす危険があることは容易に理解されよう。家事紛争に国家が介入することへの謙抑主義──法は家庭に入らず──は、既に旧民法制定当時から日本の法典編纂者の考えを支配していたものであり、このことは、戦後の改正作業を経ても変わらなかった。それだけに、日本では、今日なお、家族構成員の間での愛情や徳目を語ることはできても、明確な権利や義務を語ることは困難な状況にあり、児童虐待・DV・高齢者虐待などへの対応は、重要な今日的課題でもある。

（4）最近の改正から

2017 年債権法改正　近時、約5年にわたる改正論議を経て、民法の債権法部分が 120 年ぶりに大改正された（平成 29（2017）年5月 26 日成立、6月2日公布。施行は 2020 年4月）。その改正内容は、時効期間の見直しや、個人保証の厳格化、敷金の定義や取扱いの明確化のほか、約款に関する規定が新設され、相手方の利益を一方的に害する条項は無効になるなど、約 200 項目にわたっている。

相続法改正　相続法にかかる改正は、①遺言制度に関する見直し（2019 年1月 13 日施行）、②法務局における自筆証書遺言の保管制度の創設、③遺言執行者の権限の明確化（2019 年7月1日施行）、④遺留分制度に関する見直し（2019 年7月1日施行）、⑤相続の効力等に関する見直し（2019 年7月1日施行）、⑥相続人以外の者の貢献を考慮するための制度の新設（2019 年7月1日施行）、⑦遺産分割等に関する見直し（2019 年7月1日施行）、⑧配偶者の居住権保護のための制度の新設（2020 年4月1日施行）などがある。

　以下、民法典を中心に、その構成に即して鳥瞰を試みる。

第2節

民法総則

1　民法の構成

(1)　総則編の位置

民法の編別　民法は、大きく、財産関係を規律する「財産法」と、家族関係を規律する「家族法（身分法）」に分けられる。明治29年に制定された日本民法典の財産法部分は、第1編「総則」、第2編「物権」、第3編「債権」、戦後に大改正を経た身分法部分は、第4編「親族」、第5編「相続」で構成され、全部で1044条まである。このうち第1編「総則」は、平成18年に最終改正を受けたもので、第1章の基本原則を定めた「通則」に続き、「人」・「法人」・「物」・「法律行為」・「期間」・「時効」の6章からなる。

近代市民法の原則　近代市民社会における法秩序は、原則として、自由・対等な人格の担い手である個人が、自らの法律関係を自己の判断と責任において自律的に形成・発展させることをよしとして、これを支援すべく、人と人の関係、人

と物の関係を権利・義務の形で規律する。その底流にある基本思想
は、自由主義と個人主義である。一定の修正をほどこされていると
はいえ、民法の原理・原則とされるものは、全ての自然人が等しく
権利義務の主体となる資格を有することを前提として（権利能 力
平 等の原則）、その生活の基礎となるべき財産権を保障し（所有権
絶対の原則）、個人がその自由な意思に基づいて法律関係を自律的
に形成することを基本としており（私的自治の原則→コロラリーとし
て契約自由の原則）、反面で、自己の自由な活動の結果は良きにつけ
悪しきにつき自ら引き受けねばならず（自己責任の原則）、引き受け
た義務を履行するとともに、自らの過失・不注意によって他人に損
害を与えてしまった場合には（逆に言えばその限りにおいて）、損害
賠償等の責任を負う（過失責任主義）。

私権とは　　民法では、ある人が、他の人に対して一定のこと
（給 付）を請求できる法的地位を「債権」と呼び、
ある物の価値（利用価値・交換価値など）を直接的・排他的に有する
支配権を「物権」と呼ぶ。この債権・物権の上位概念となる「権
利」を、選挙権のような公的権利とは区別された私的権利という意
味で「私権」などという。

パンデクテン方式　　民法総則編は、この私権を中心に、物権・
債権に共通なルールをまとめあげ、権利の
主体（自然人・法人）、権利の 客 体（物）、権利関係の発生・変動・
消 滅をもたらす重要な原因（法律行為・時効）について規定して、
権利の体系の基礎を構築している。共通ルールを前に前にと押し出

して、いわば概念のピラミッドを構築するこの法的整序法は、ドイツ普通法学がローマ法を学問的に処理する過程で編み出した方式で、「パンデクテン方式」などといわれる（河上『民法学入門』第5章参照）。抽象的・観念的な「権利」のレベルで諸規定を眺めることは、法の体系性とその背後にある設計思想を強く意識させるが、常にその具体的適用場面を想定しつつ、射程を慎重にはかりながら議論を進めることが重要である。

総則編と身分法 総則編が、親族・相続の身分法領域にも適用される一般的通則たりうるか否かについては見解が分かれる。伝統的には、身分法に特有の考え方を強調して総則の適用を排除する考え方が根強かったが（中川善之助『身分法の総則的課題』163頁［1941］）、民法総則編の規定内容は一定の普遍性を有しており、親族・相続法上の行為についても、これを適宜修正しながら適用してよいとするのが今日の多数説である。

（2）財産権としての物権と債権

物権・債権の意味 財産法上の権利の双璧は、物に対する支配権である物権と、人に対する請求権としての債権である。具体例をあげて確認しよう。

　たとえば、AがBに100万円を貸した。一定の期限がくればAはBに「貸していた100万円を返せ」と要求できる地位にある。逆に、Bは、Aに対して期限までに100万円を返済すべき義務を負っている。金銭の貸し借りに関する合意（契約）が、この100万円という財貨移転の法律上の「原因」である。このときAをBに

対する関係で「債権者」と呼び、B を「債務者」と呼ぶ。このように、債権・債務は、通常は対をなして存在する。ここで貸し借りの内容となった 100 万円が「債権の目的（object ＝債権・債務の内容）」である。金銭であるから、「金銭債務（債権者の側からいうと金銭債権）」などという。定義的に言うと、ある特定の者（＝債権者）が別のある者（＝債務者）に一定の行為（「給付」＝作為でも不作為でもかまわない）を請求すること、そして手にいれた給付を当該債務者との関係において適法に保持し得ることを内容とする権利あるいはそのような法的地位が「債権」である。相手方から眺めると、ある人のある人に対する義務や責任（「債務」＝ Obligation）が議論の核心であり、ドイツでは Schuldrecht、フランスでは droit obligations というように、外国ではむしろ「債務法」と呼ばれることも多い。「債」という字が、「人」と「責」任から構成されているのは象徴的である。つまり、債権は、特定の人に向かってその責任を追及できる権利・法的地位をさしているからである。

債権内容の実現と責任財産　債務者が任意に債権者の請求に応じない場合、国家は、債権の内容を実現するよう援助することになり、債務者は自分の一般的財産（責任財産という）を引き当てにして、その責任を果たすことを要求される。こうして、債権には、請求力のほかに、給付保持力（給付を受領して保持し続けることができる力：不当利得とならない）や、掴取力（責任財産をひきあてにして、いざというときに強制執行によってそこから債権の回収を図り最終的満足を得る力）があるなどといわれる。

請 求 権　　第2編の「物権」が「物に対する直接的・排他的支配権」であるといわれるのに対し、第3編の「債権」は「特定人に対して一定のことを請求できる地位」にすぎない。紛らわしい言葉に「請求権」という概念があり、債権と混同しやすいが、これはさまざまな「権利」が特定の者に対して法的要求という形をとった場合の呼び名であり、債権関係だけでなく物権からも（物権的請求権）、親子や夫婦といった一定の身分関係などからも発生する（認知請求権・扶養請求権など）。伝統的に、請求権概念は、人が、一定のことを裁判所に訴える際にそれを正当化するだけの権利（訴権）に源があるといえよう。

物権と債権の違い　　もっとも、よく考えてみると、「物権」の内容も、その本質は「他者一般に対して請求しうる法的な権能（妨害排除請求権など）の集合」と考えられなくもない。つまり、物権は「全方位的な債権の束」といっても間違いではない。逆に、「債権」は、債務者の責任財産に対して潜在的支配力を持っており、その存在は、他者からの侵害に対して一定の法的保護の対象ともなるわけであるから、物権・債権の区別といっても便宜的なものである。そればかりでなく、わが国の民法では、物権・債権の違いが明瞭な効果の違いとなって貫徹されているわけでもない。例えば、土地が二重に売却されたような場合、後からの買主でも不動産登記簿に所有権移転登記を先に備えると、先の買主に所有権を主張できることや（176条、177条）、わざと他人の契約の効力を取り上げるようなことをすると（故意の債権侵害）、損害賠償を命じられること等は、確立した判例となっている。

また、土地・建物のような不動産の居住用賃借権では、借主としての債権者の立場の保護を図る特別法（借地借家法など）により、物権と同様の効果が導かれることもある（「賃借権の物権化」現象）。

物権・債権の比較　以上のような境界問題があることをわきまえたうえで、ひとまず物権・債権を対比させるとおよそ次のような整理になる。

①　まず、絶対的な権利としての物権には排他性のある対物的権利であるが、債権は相対的な（ある人から特定の人に対してのみ請求できる）対人的権利である。したがって、たとえば一つの物には一つの所有権しか存在しえないが（一物一権主義）、同じ内容の債権は同時に複数併存することも論理的には可能である。たとえば、特定の土地を複数の人に売ると約束（契約）したために、売主に対し複数の買主（債権者）から当該土地に関する引渡請求権が発生することも起こり得る。もちろん、土地は一つしかないから、誰か一人に契約を履行すれば、他の者には引き渡せない。このとき、債権の内容であった履行請求権は、履行不能となって損害賠償請求権に転化せざるを得ない（415 条参照）。しかし、それでも、債権としては、その機能を全うするわけである。

②　債権は、その発生の前後を問わず対等なものとして扱われる。先に成立した債権が後の債権に優先して目的を達するという保証はない。執行時に総債権に比して債務者の責任財産が乏しいときには、債権額に応じて按分で弁済を受けて債権の回収を図らざるを得ない（これを債権者平等の原則という）。そこで、債権を保全するには、抵当権のような排他的権利である物権（担保物権）の力を

借用して、優先的地位を確保することが必要になる。その限り
で、債務者は、特定債権者に対する関係で自己の信用力を高める
ことができる。社会全体としてみれば、債権者全員が債務者の責任
財産をモニターするのではなく、担保物権者を特定物件の管理状態
についてのモニタリングに集中させることになる。

　　③　物権は絶対的であるから、取引の安全を図るには、その内容

物権の性質	債権の性質
①物に対する直接的支配権［対物権］ （他人の意思・行為を介さない） 〈使用・収益・処分の実現〉	①特定の人に対して特定の行為（給付）を請求する権利（対人権） 〈請求力・給付保持力・執行力〉
②絶対性（万人に対しする対世効） ③排他性：同一の物の上に互いに相い容れない内容の物権は同時に２つ以上成立することができない ④特定性 ⑤優先性（原則として先に成立した方が優先する。抵当権など債権保全手段に） ⑥追及性あり（他人の手にわたっても主張できる） ⑦譲渡性（272条参照） ⑧物権法定主義＋公示の要請 ⑨強行性 ⑩財産移転の目的・対象［静的状態］	②相対性（債務者に対する対人効） ③排他性なし （同一内容の債権が複数同時に存在しうる）→一方につき履行不能→損害賠償 ④不特定でもひとまず可→「特定」の問題 ⑤優先性なし （債権者平等の原則） ⑥追及性なし（相対性からの帰結） ⑦譲渡は無制限ではない（612条参照） ⑧契約内容形成自由の原則 ⑨任意性 ⑩財産移転の原因・手段［動的関係］

や帰属が明確である必要がある。したがって、物権は、原則として法律によって定められたものしか認められず（物権法定主義）、権利関係を対世的にできるだけ明らかにしておくことが求められる（公示の原則）。任意にその内容が改変されては困るので、法文にも、当事者の意思によって左右されない強行規定が多い。これに対し、債権は、「契約」を中心に、当事者の意思によってその内容を自由に定められるため、比較的柔軟である。当事者意思によって法律規定とは異なる債権関係を形成することができるという意味で、債権法には任意規定が多いといわれる（実際には、かならずしもそうではない）。

2 民法総則編の内容概観 ● ● ●

（1）通　　則

基本となる一般条項　第1章「通則」は、民法の基本原則として、①私権が公共の福祉に適合すべきこと、②権利の行使・義務の履行が信義・誠実の原則に従って行われるべきこと、③権利の濫用の禁止の3つを掲げる（第1条）。また、解釈の基準として、民法の規定が個人の尊厳と両性の本質的平等を旨として解釈されるべきことを定める（第2条）。いずれも、戦後の新憲法の理念を掲げて明文化したもので、私的自治の限界を示した「公序良俗」（90条）とならんで、当事者の意思を補充し、矯正し、ときに新たなルールを創造する際の源泉となる、いわゆる「一般条項」である。きわめて包括的な内容であるだけに、適用にあたっては、解釈者の恣意に流れたり、一般条項に逃避することのないよう留意しなければならない。

【一口メモ：権利濫用と信玄公旗掛け松事件】

　「権利の濫用」は、権利絶対主義を修正するもの。かつては「自己の権利を行使する者は、何人に対しても害を与えない」（ローマの格言）と言われた。しかし、「他人に損害を与えることのみを目的とする権利行使（シカーネ Schikane）は、権利の本質に反するが故に禁じられる」こととされた。つまり、権利といえども無制限ではあり得ない。既に、明治時代から、一定範囲で権利行使を制限する判決があり（「戸主権」の濫用（大判明治34・6・20民録7輯6号47頁）、「水利権」濫用（大判明治38・10・11民録11輯1324頁）。大正時代の有名な判決には、「信玄公旗掛け松事件」がある（大判大正8・3・3民録25輯356頁）。旧国鉄（鉄道院）時代に、日暮里駅の引き込み線を通過する汽車の煤煙によって、X所有の由緒ある松（信玄公旗掛け松）が枯死。大審院は「権利濫用法理」を用いて国（鉄道院）の行為の違法性を認めた（権利侵害あり）。今日では、不法行為における違法性の認定と、受忍限度を超えた不当な侵入（ニューサンス）の問題の先駆けとして理解されている。このような形での権利濫用法理の利用は、やがて「環境権」のような新たな権利の生成を促すことにもつながっている。ちなみに、「信玄公旗掛け松事件」は、差戻し後の甲府地裁において、問題の松が信玄公とは直接に関係がないという事情が判明し、材木としての評価に変わり、信玄公云々の点は、慰謝料50円で決着した。

【一口メモ：宇奈月温泉事件】

　宇奈月温泉事件（大判昭和10・10・5民集14巻1965頁）は、富山県下新川郡内山村（現黒部市）の宇奈月温泉で起きた民事事件で

ある。宇奈月温泉では、7.5km 先にある黒薙温泉から地下に埋設さ
せた木製の引湯管を使い湯を引いていた。この引湯管は、大正 6 年
に A 社が当時の価格で 30 万円を費やし、埋没させる土地の利用権
を有償ないし無償で獲得して完成させたものである。しかし、こ
の引湯管は、途中で利用権を得ていない甲土地を 2 坪分だけ経由
していた。この土地は、B の所有する 112 坪の乙土地の一部である
が、112 坪の乙土地全体が利用が非常にむずかしい傾斜にある荒蕪
地にあった。この引湯管は、後に宇奈月温泉行きの鉄道を所有する
黒部鉄道（現在の富山地方鉄道）によって営まれていた。また、B
は、引湯管が経由している 2 坪を含めた 112 坪の乙土地全体を 1 坪
あたり 26 銭で X に売却していた。乙土地を買った X は、不法占
拠を理由に、黒部鉄道に対し引湯管を撤去するか、さもなければ
（自ら買い求めた）乙土地の周辺の土地を含めた計 3,000 坪を 1 坪
7 円総額 2 万円余りで買い取るよう求めた。黒部鉄道がこれに応じ
なかったため、X は、黒部鉄道に対して妨害排除請求として引湯
管の撤去等を求めて提訴したのが本件である。大審院は、「権利ノ
濫用」という文言を判決文中で初めて用い、X の請求（所有権の行
使）は権利の濫用にあたるため認められない、として請求を棄却
した。利用価値のない本件土地は原告（X）にとってなんら利益を
もたらさないのに対し、請求を認めて引湯管を撤去すれば、宇奈月
温泉と住民に致命的な損害を与えることになる。このような結果を
もたらす所有権の行使に基づく請求は所有権の目的に反するもので
あり、権利の濫用であって権利行使が認められない、とした。問題
は、客観的な Y に及ぼす損失と X の被害との利益比較と、X の主観
的な意図の悪性の総合判断にあったが、後の判例では、どちらかと

いうと客観的な利益の比較に重点が置かれたため、力のある者が事実を先行させてしまうおそれがあることに注意すべきである。この事件について詳しくは、河上『民法学入門』第2章参照。

(2) 権利の主体 1——「人」

自然人の能力

「人」は、法律関係を考える上で、出発点となる存在であり、人は「自然人」と「法人」に分類される。民法典第1編第2章「人」は、権利主体となる自然人を中心に定められた規定群で、権利義務の帰属主体となる資格（＝権利能力）が全ての自然人に認められることを宣言したうえで（第3条）、第2節で、単独で完全に有効な法律上の行為をなしうる能力＝行為能力について定める。もっとも、単独でなした判断について責任を問うことが困難な「未成年者」や、成年者であっても判断力に問題がある場合（制限能力者）についての支援と本人保護の在り方が法的には重要課題であり、平成11年の「成年後見制度」導入によって大幅な改訂が施された部分である。これによって旧来の禁治産・準禁治産制度は、新たな被後見・被保佐・被補助の制度に改められ、制度の柔軟化が図られるとともに、本人の意思・残存能力の尊重が基本に据えられることになった。未成年者や制限能力者は、一定範囲で、単独では完全に有効な取引を行うことができず、保護機関（親権者・後見人・保佐人・補助人）の同意を得ずに行った行為について、これを取り消すことができるものとされている（河上『民法学入門』第9章第1節参照）。

〈成年後見制度一覧表〉　河上『総則講義』76 頁

<table>
<tr><th colspan="2"></th><th>後　見</th><th>保　佐</th><th>補　助</th></tr>
<tr><td rowspan="2">要件</td><td>対象となる者
（判断能力の程度）</td><td>精神上の障害により事理を弁識する能力を欠く常況にある者
（7 条）</td><td>精神上の障害により事理を弁識する能力が著しく不十分である者
（11 条）</td><td>精神上の障害により事理を弁識する能力が不十分である者
（15 条Ⅰ）</td></tr>
<tr><td></td><td></td><td></td><td></td></tr>
<tr><td rowspan="3">開始手続</td><td rowspan="2">申立権者</td><td colspan="3">本人・配偶者・四親等内の親族・検察官（7 条・11 条・15 条Ⅰ）
任意後見受任者・任意後見人・任意後見監督人（任意後見契約法10条Ⅱ）
市町村長（老人福祉法 32 条 等整備法）</td></tr>
<tr><td>未成年後見人・未成年後見監督人・保佐人・保佐監督人・補助人・補助監督人（7 条）</td><td>後見人・後見監督人・補助人・補助監督人（11 条）</td><td>後見人・後見監督人・保佐人・保佐監督人（15 条Ⅰ）</td></tr>
<tr><td>本人の同意</td><td>不要</td><td>不要</td><td>必要（15 条Ⅰ）</td></tr>
<tr><td rowspan="3">関係者の名称</td><td>本人</td><td>成年被後見人</td><td>被保佐人</td><td>被補助人</td></tr>
<tr><td>保護者</td><td>成年後見人</td><td>保佐人</td><td>補助人</td></tr>
<tr><td>監督者</td><td>成年後見監督人</td><td>保佐監督人</td><td>補助監督人</td></tr>
<tr><td rowspan="3">同意権・取消権</td><td>付与の対象</td><td>日常生活に関する行為以外の行為（9 条）</td><td>13 条 1 項所定の行為
13 条 2 項の審判による行為（13 条Ⅳ）</td><td>13 条 1 項所定の行為のうち、請求の範囲内で家庭裁判所が定める特定の法律行為（17 条Ⅰ）</td></tr>
<tr><td>付与の手続</td><td>後見開始の審判
（7 条・838 条②）</td><td>保佐開始の審判
（11 条・876 条）
13 条 2 項の審判</td><td>補助開始の審判
（15 条Ⅰ・876 条の 6）
＋同意権付与の審判
（17 条Ⅰ）</td></tr>
<tr><td>取消権者</td><td>本人・成年後見人
（120 条Ⅰ）</td><td>本人・保佐人
（120 条Ⅰ）</td><td>＋本人の同意（17 条Ⅱ）
本人・補助人
（120 条Ⅰ）</td></tr>
<tr><td rowspan="2">代理権</td><td>付与の対象</td><td>財産に関するすべての法律行為（859 条）</td><td>請求の範囲内で家庭裁判所が定める特定の法律行為（876 条の 4Ⅰ）</td><td>請求の範囲内で家庭裁判所が定める特定の法律行為（876 条の 9Ⅰ）</td></tr>
<tr><td>付与の手続</td><td>後見開始の審判

（本人の同意不要）</td><td>保佐開始の審判
＋代理権付与の審判
（876 条の 4Ⅰ）
＋本人の同意
（876 条の 4Ⅱ）</td><td>補助開始の審判
＋代理権付与の審判
（876 条の 9Ⅰ）
＋本人の同意
（876 条の 9Ⅱ）</td></tr>
<tr><td rowspan="2">保護者の義務</td><td>身上配慮義務</td><td>成年被後見人の生活・療養看護・財産の管理に関する事務を行うにあたり＊（858 条）</td><td>保佐の事務を行うにあたり＊
（876 条の 5Ⅰ）</td><td>補助の事務を行うにあたり＊
（876 条の 10Ⅰ）</td></tr>
<tr><td></td><td colspan="3">（＊本人の心身の状態および生活の状況に配慮する義務）</td></tr>
</table>

住所など　　　　第3節は、人の生活の本拠となる「住所・居所」についての基本的ルールを定め、第4節では、先の住所・居所からの不在や失踪（行方不明）の場合の法的処理が扱われる。一方で、不在者の財産を管理する必要があり、他方で、失踪者をめぐる法律関係をいつまでも凍結状態にしておくわけにはいかないからである。さらに、多数の死傷者を出した伊勢湾台風による被害を背景に昭和37年に追加された第5節「同時死亡の推定」では、災害などで多数の死者が出た場合の相続関係を処理するべく、死亡した数人中の一人が他の者の死亡後も生存していたかどうか明らかでない場合のための規定が置かれている。結論から言えば、いずれも「互いに互いを相続しない」ものとしている。

【一口メモ：同時死亡の推定】

　昭和34年台風第15号（国際名ヴェラ/Vera）は、1959年（昭和34年）9月26日に潮岬に上陸し、紀伊半島から東海地方を中心にほぼ全国にわたって甚大な被害をもたらした。伊勢湾沿岸の愛知県・三重県での被害が特に甚大であったことからこの名称が付けられた。死者・行方不明者の数は5,000人を超え、明治以降の日本における台風の災害史上最悪の惨事となった。この被害は、民法における「死亡」に関して、民法32条の2として、「数人の者が死亡した場合において、そのうちの1人が他の者の死亡後になお生存していたことが明らかでないときは、これらの者は、同時に死亡したものと推定する。」との規定を生んだ。同時に複数の相続人が死亡した場合、その死亡時期の先後は相続関係に関し非常に大きな影響を及ぼす。相続においては、被相続人が死亡した時点で生存してい

る者だけが相続人となる権利を有する（「同時存在の原則」という。胎児は例外）。したがって、被相続人と相続人が同じ事故や災害によって同じタイミングで死亡した場合、ほんのわずかな差であっても、どちらが先に死亡したかでその後の相続手続きは大きくかわってくる。この民法の規定は、事故や災害などの共同の危機によって死亡した者の順序により相続人となりうる者が異なる場合、死亡の先後の立証が困難であるため、遺産を早い者勝ちで占拠した者が相続するという問題を解消するため、昭和 37 年に新たに加えられた。同条により、各死者は互いに互いを相続しない。

（3） 権利の主体 2 ——「法人」

法人とは何か　　「法人」は、自然人以外に権利主体となることを法によって認められた人の集団（社団）もしくは財産の集合体（財団）である。法人は、契約法上の組合の発展形態である。法人制度の基本的な存在理由は、団体名義での権利・義務の帰属と権利行使が可能となること、個々の構成員の財産と法人財産の分離が可能となる点にある。法人には、学校法人や宗教法人のように営利を目的としない公益法人や、通常の会社組織のように営利を目的とする営利法人、社員に共通する利益を図ることを目的とするが剰余金の分配を予定しない中間的法人などがある。これまでの民法は、もっぱら公益法人を対象としつつ、法人の一般原則を定めていたが、近時（平成 18 年）の一般法人法関連三法によって、民法にあった従来の多くの規定が削除され、特別法に移されている（現在の民法典には、法人設立の根拠規定と外国法人についての 5 箇条しか残っていない）。法人は、あくまで人為的構成

物としての権利義務の帰属点であるから、自然人のように出生や死亡、活動の在り方や能力について、自然には定まらない。そこで、法的権利主体として活動させるには、一定の組織的枠組みや意思決定の仕方、監督体制などの規律が必要となる。一般法人法では、非営利の社団法人・財団法人の設立の仕方、法人の管理の在り方、法人の解散にともなう法的処理、役員等の責任等につき詳細な

【組合契約と社団法人のイメージ】

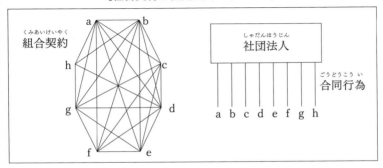

【組合・社団・社団法人の関係】

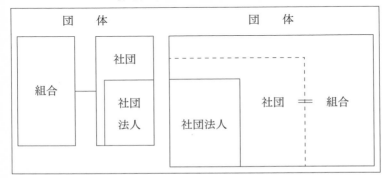

規定を用意している。法人の対外的な活動は、理事などの代表機関によって行われ、法人の目的の範囲内で代表機関がなした行為が法人に帰属し、また、法人の代表者等がその職務を遂行する際に他人に加えた損害については法人が不法行為責任を負う。なお、典型的な法人である会社組織（営利法人）については、商法（会社法）などに詳細な規定が設けられている。

（4）権利の客体──「物」

物とは 　権利の客体について、民法総則は「有体物」（85条）を中心とした規定を5箇条だけ定める。しかし、法律上、排他的支配や管理が可能なものについては「物」概念を拡張する必要があることは早くから指摘され、知的財産などの「無体物」について多くの議論がある。民法の規定上意味があるのは、土地およびその定着物を意味する不動産と、それ以外の動産の区別（86条、177条、178条）、家屋と畳・建具のような主物・従物の区別（87条、370条）、元物・果実（89条）程度であるが、目的物の性質（可分・不可分、代替物・不代替物か、特定物・不特定物など）によっても適用されるべき規定や結果が異なる場面があるので注意を要する。そもそも、「一個の物」をいかに観念するかという点からして問題となり（附合に関する243条など）、ときに複数のひとまとまりの物を「集合物」として単一の処理に委ねることも行われている。最近では、死体や髪の毛、受精卵をはじめとする人由来物の扱いも微妙な問題を提起している。ちなみに、動物も民法上は「物」であるが、外国には人・物の間にある第三のカテゴリーとして「動物」を置くものもある。

不 動 産	動 産
・土地およびその定着物（建物など）	・不動産以外の「物」
・物権の公示方法・対抗要件としての登記（177条）[不動産登記法]	・物権の公示方法・対抗要件としての占有・引渡し（178条）
・不動産登記には公信力がない（「無権利の法理」が妥当する）	・動産の占有には公信力があり、即時取得できる（192条）
・不動産には、物権編に規定された全ての物権が成立する	・動産には地上権などの用益物権や抵当権が原則として成立しない
・成年被後見人・被保佐人の取引制限がある（13条1項3号、864条）	・成年被後見人・被保佐人の取引制限は重要な動産に限られる
・無主の不動産は国庫帰属（239条2項）	・無主の動産は先占者に帰属（239条1項）
・建物・立木は不動産に属する	・無記名債権は動産とみなす（86条3号）
・不動産執行（民事執行43条〜111条）	・動産執行（民事執行122条〜142条）

不動産と動産　ともあれ、重要な客体は、動産と不動産であることは言うまでもなく、民法上の扱いもそれぞれに応じて異なるので注意が必要である（別表参照）。

（5）法律行為

法律行為の意味　人が法律上の効果を発生させる最重要の原因（要件）となるのが法律行為である。法律行為は、民法の基本原理である私的自治の原則が法技術的な形をとって現れたもので、一定の法律上の効果を意欲する者に、その欲する効

果を生じさせる要件となる。権利義務関係の設定・変動を究極的に当事者の意思に帰することが目指されたわけである（この意思を形成する能力＝意思能力を欠いた行為は無効である）。たとえば、売買契約のように、財産権の移転と対価の支払いを目指した取引行為（契約）や、遺言のように一方的に財産を特定の者に帰属させようとする単独行為、会社設立行為のように多数の者が一定の組織形成を目指す合同行為のすべてが、「法律行為」に含まれる。そこには、共通して、一定の法律効果の発生を意欲した当事者の意思（法的効果意思）が存在し、その意思が外界に向けて表示されている。これを意思表示と呼び、の意思表示が法律行為の中核にあって、法律効果発生の起爆剤となっているのである。意思表示をベクトル記号にみたてると、契約では申込と承諾という相対立する意思表示の合致があり、遺言では一本の意思表示のみが行為を支えており（単独行為）、会社設立では同一方向に向かった意思表示が並んでいる（合同行為）。かくして、法律行為とは、以上のような契約・単独行為・合同行為の上位概念として、「少なくとも一つ以上の意思表示を含み、一定の法律効果の発生を意欲してなされた行為」ということになる。

公序良俗違反　　第5章第1節は、法律行為の効力や内容の確定に関する通則的規定からなるが、とりわけ「公序良俗」という私的自治の内容的限界を定める規定が重要である。公の秩序、善良の風俗には、いわゆる強行規定や人倫に反する行為、殺人、売春などさまざまなものがある。

【一口メモ： 酌婦ハルエ事件】

最判昭和 30・10・7（民集 9 巻 11 号 1616 頁）

「A が酌婦として稼働する契約の部分が公序良俗に反し無効であるとする点については、当裁判所もまた［原判決と］見解を同一にするものである。しかしながら前記事実関係を実質的に観察すれば、Y_1 は、その娘 A に酌婦家業をさせる対価として、X 先代から消費貸借名義で前借金を受領したものであり、X 先代も A の酌婦としての稼働の結果を目当てとし、これあるがゆえにこそ前記金員を貸与したものということができるのである。しからば Y_1 の右金員受領と A の酌婦としての稼働とは、密接に関連して互いに不可分の関係にあるものと認められるから、本件において契約の一部たる稼働契約の無効は、ひいて契約全部の無効を来すものと解するを相当とする。……従って本件のいわゆる消費貸借及び Y_2 のなした連帯保証契約はともに無効であり［附従性］、そして以上の契約において不法の原因が受益者すなわち Y らについてのみ存したものということはできないから、X は民法 708 条本文により、交付した金員の返還を求めることはできないものと云わなければならない［不法原因給付］。」（河上『民法学入門』第 4 章参照）。「酌婦稼働契約」については、西村信雄「前借金契約について」民商 7 巻 3 号、6 号（1938）参照。

意思の不存在・意思表示の瑕疵　　第 2 節は、「意思表示」について、その効果意思と表示が食い違っている場合や（表意者がその食い違いを知っている場合［93 条の心裡留保および 94 条の虚偽表示］と知らない場合［95 条の錯誤］があ

る）、詐欺や 強 迫によって意思表示にキズ（瑕疵）があった場合の行為の効力を定める（96条）。法律行為の世界では、取引安全の要請もあって、効果意思の背後にある動機は原則として顧慮されないが（動機不顧慮の原則）、効果意思が欠けた行為は本来は無効となり、相手方からの不正な攻撃が動機に向けられた場合に、例外的に意思表示の取消しが認められる（詐欺・強迫）。もっとも近時では、錯誤の場合にも、しばしば動機レベルの事情が問題となっており、しばしば「真意と 表示の不一致」という表現が用いられていた。理屈からすると、中核となる「効果意思」を欠いた意思表示は原則として行為の無効をもたらすが、意思表示を受け止めた相手方の信頼保護との関係で、必ずしも無効は貫徹されていない（善意者保護）。また、2017年改正95条では、錯誤の効果は「取消し」とされ、しかも前提の錯誤（動機の錯誤＝基礎とした事情についてのその認識が真実に反する錯誤）が正面から規定化された（95条1項2号、2項）。もっとも、錯誤者に 重 大な過失があるときは、原則として取消しができない。

無効と取消しの違い　　無効は効力を生じない。後から追認してもだめである。ただ、当事者がその行為が無効であることを知って、追認したときは、新たな行為をしたことになる（119条）。他方、取消しは、相手方に対する意思表示をするまでは暫定的に有効である。この浮動的有効の状態は、追認をするか、取消しをするかで有効・無効が確定する。

取消しの遡及効と第三者保護 意思表示の瑕疵は、少なくとも効果意思と表示に不一致がないわけであるから、一定範囲で取消事由となるに過ぎない。取り消されると、初めから行為は無効とされるが（取消しの遡及効：121条）、ここでも、その間に登場した善意の第三者保護が問題となる。

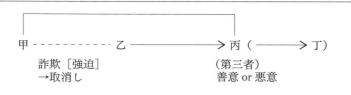

甲 - - - - - - - - - - 乙 ━━━━━━━━→ 丙 （ ━━━→ 丁）

  詐欺［強迫］   （第三者）
  →取消し   善意 or 悪意

【ここでのロジック】

　甲乙間の法律行為は取り消し得べき行為（96条）。甲が、取り消すと、行為はもとより無効と看做され（121条［遡及効］）、乙は終始「無権利者」となる→甲から乙への返還請求可。無権利者からの譲受人丙も無権利者（無権利の法理）。本来なら、甲は丙にも返還請求できるはず。しかし、取引の安全を保護すべく、取消前に利害関係を有するに至った「善意・無過失の第三者」（＝甲乙間取引が詐欺によるものであることを過失なく知らなかった第三者［本人およびその包括承継人以外の者］）には、取消しの効果を主張できない（96条3項）。

　善意の丙が無制限に保護されるべきかは更に検討すべき問題である。

　（→「取消しと登記」の問題については、60頁以下と併せて検討されたい。）

消費者契約の特則

なお、意思表示の瑕疵との関連では、契約が事業者と消費者の間で結ばれる消費者契約について、消費者契約法が、重要事項に関する事業者の誤認惹起行為（不実告知・将来の不確実な事柄についての断定的判断の提供、故意による不利益事実の不告知）や、消費者を威迫・困惑させる勧誘行為について、消費者に一定の契約取消権を定めていることが注目される（同法4条参照）。これによって、民法の錯誤・詐欺・強迫によって守ろうとした表意者の自由な意思決定が、より客観的な要件下で保護されることになったからである。

善意の第三者保護と表見法理

たとえば、土地建物を所有するAが、近所に屎尿処理場ができるとBに騙されて、安値でこの不動産をBに売却したとしよう。あとから事実を知ったAは、詐欺を理由に契約を取り消すことができるが（96条）、取り消した時点で、既に、Bが事情を知らない第三者Cにこれを転売して登記も移していたような場合には、取消しの効果を善意のCに主張できない（96条3項参照）。取消しの遡及効を前提にすれば、Bは最初から無権利者であって、無権利者からは何物も譲り受けることができないはずであるが（これを無権利の法理という）、Bが権利者であると過失なく信じたCは保護される結果となる。行為の外観を信頼した善意の第三者保護の問題は、ほかにも表見法理として民法の至る所に顔を出し、究極的には、①本人の外観作出への帰責性と、②保護に値する相手方の信頼、そして③結果の重大性の3つの要素のバランスの上に、ルールが構築されている。

代理制度　第3節は「代理」に関する規定群である。代理については、民法99条に見事な定義がある。代理人がその権限内において（代理権の存在）、本人のためにすることを示して（顕名主義）なした意思表示（代理行為）は、直接に、本人に対してその効力を生じ、第三者が代理人に対してなした意思表示についても同様の効力を生ずる。

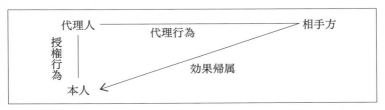

任意代理と法定代理　代理人は、本人になり代わって本人のために行為してくれる存在である。代理には、契約などによって本人から代理権を授与された**任意代理**と、未成年者の親権者や制限能力者の保護機関の場合のように法律上定められた**法定代理**がある。代理制度によって、人は私的自治を拡張しあるいは支援・補充することが可能となる。代理においては、代理人自身が法律行為について意思決定をすることから（したがって代理行為の瑕疵なども原則として代理人について判断される）、単に決定された意思表示を伝達するだけの「**使者**」とは区別され、また問屋（商法551条）のように他人の計算において自己の名で取り引きする**間接代理**とも区別されている。

無権代理と表見代理 代理人と称する者に代理権がない場合や権限外の行為が行われた場合は「無権代理」となり、本人が追認しないかぎり、代理行為の効果は帰属先を失って無効になる（113条）。効果の帰属先を失うからである。この場合、必要に応じて無権代理人自身がある種の不法行為責任を負うことになるが（117条）、代理権があると過失なくして信じた相手方との関係では、例外的に本人に効果が帰属させられる場合がある。いわゆる「表見代理」がこれで、民法には、①本人が代理権授与の表示をしていると認められる場合（109条）、②一定の代理権を与えているときに代理人がその権限を越えて行為をした場合（110条）、③かつて代理権を与えていたが現在は代理権が消滅している場合（112条）がそれぞれ定められている。解釈上、その結合型（109条＋110条、112条＋110条）についても表見代理が成立するとされていたが、2017年改正法でそれぞれ明文化された（109条2項、112条2項）。

無効・取消し 第4節は、法律行為の無効・取消しについて、無効な行為を後から追認した場合の効果（119条）、取消権者（120条）、取消しの効果（121条）、取消しの方法、取り消しうべき行為の「追認」に関する規定群、取消権の消滅に関する規定で構成されている。ちなみに、法律行為の無効・取消しについては、その内容において、かつて考えられていた以上に接近を生じている。

条件・期限　　　　第5節の条件・期限は、法律行為に一定の条件や
期限が付された場合についてのルールである。法
律効果の発生を将来発生することの不確実な事柄にかからしめる場
合が条件、発生確実な事柄にかからしめる場合が期限である。

停止条件・解除条件　　条件が成就すれば効力を生じるタイプの
条件を停止条件（条件成就まで効力が停止
している）、条件成就によって効力を失うタイプの条件を解除条件
（条件成就によって効力が解除される）などと呼ぶ。条件付きの権利
には、条件が成就した場合についての一種の期待が伴うことから、
その保護が問題となる。たとえば、相手に「条件付き権利」を与え
ておきながら、その条件成就を妨害するような行為をした場合、
相手は条件が成就したものとみなすことができる（130条）。

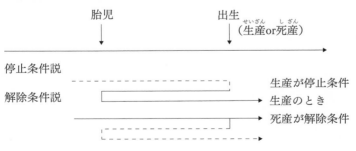

〈阪神電鉄事件〉
　　内縁の妻から生まれた子について胎児のときに親戚の叔父が
阪神電鉄とした、和解の効力に関し、胎児の権利能力についての停止条件説・解除条件説の対立

	胎児	出生（生産or死産）
停止条件説		生産が停止条件
解除条件説		生産のとき
		死産が解除条件

期限と期限の利益　　期限は、原則として債務者の利益のために定められたものと推定され、債務者は（相手方の利益を害さない限り）期限の利益を放棄することができる（136条）。借金の債権者は期限が到来するまで請求できないが、債務者は期限到来前でも借金の返済ができることになる。なお、債務者の信用不安をもたらすような客観的事情が発生した場合は、債務者は期限の利益を喪失し（137条）、直ちに弁済の請求を受けることがある。銀行取引で、預金債権と貸付金債権の間で、「期限の利益喪失約款」が利用されて、預金との相殺が、貸付金の一種の担保として機能している。

（6）期　　間

期間計算の方法　　138条〜143条は、期間の計算法についての技術的規定である。これは、契約上の履行期や法律行為の効力の始期・終期、あるいは時効の完成を考える際に必要となるもので、民法に限らず重要な意味を持つ。民法では、「時」をもって期間を定めた場合には即時に起算するが（139条）、「日、週、月、年」などを用いて期間を定めた場合には、「初日不算入」が原則であり（140条）、確実に1日（24時間）の単位が期間内に含まれるよう配慮されている。たとえば「3日後」の商品引渡しを約束した場合は、約束の初日は含まず、翌日の零時から起算して3日後の24時が期間満了時となる。ちなみに「年齢計算に関する法律」によると、年齢は出生の日から起算し、「年齢のとなえ方に関する法律」によって満年齢で唱えられる（昔は「数え年」の習慣があった）。

【一口メモ：期間・年齢と学齢】

　民法における「初日不参入の原則」に対して、年齢計算については、出生時間が何時であるかにかかわらず、出生の日から起算するとされている（「年齢計算に関する法律」明治35年法50号）。初日を参入するわけである。ちなみに「年齢のとなえ方に関する法律」（明治24年法96号）は、「数え年」ではなく「満年齢」による表示を勧奨しており、2021年7月1日生まれの人が、成年（満18歳）に達するのは、2039年6月30日の午後12時（24時）ということになる。翌7月1日には、晴れて「成人」である。

　なお、出生日から起算すると、4月1日生まれの者は、第6回目の誕生日の前日である3月31日の満了で満6歳になる。わが国の義務教育は「子女の満6歳に達した翌日以後における最初の学年の初めから満15歳に達した日の属する学年の終わりまでの9年間」とされているから（学校教育法22条1項、39条1項）、4月1日に満6歳となっている者までがその年度の小学1年生となる。したがって、4月1日生まれの者は、いわゆる「早生まれ」として新入学するが、4月2日生まれの者は「遅生まれ」として翌年度の入学となる。他方、選挙権の付与に関わる公職選挙法10条2項のように、法律によっては「当該年齢に達した日」を含むとしているものもあるので注意が必要である。

　ちなみに、「総会通知は総会日の遅くとも5日前に行う」というように、逆算して期間計算をすべき場合も、以上と同様に考えて良い。たとえば、10月1日が総会日であるとすれば、起算日は原則として「前日」の9月30日であり、暦法にしたがって逆算すれば9月26日が末日となる（つまり、遅くとも9月25日の午後12時

| までには通知が到達していなければならない)。

(7) 時　効

時効とは　時効は、一定の事実状態が法定期間継続した場合に、その事実状態が真の権利関係に合致するものであるか否かを問わず、権利の取得や消滅の効果をもたらす制度であり、時の経過を要件とする法律関係確定の特殊な技法である。時と共に成長する鍾乳石を想起されたい。社会の中で、ある事実状態が周囲の人々からも認められ続けた場合、その継続する状態が、法的にも正当な状態として承認される。「平穏・公然」は、そのような周囲との関係が考慮された表現である。

取得時効と消滅時効　時効によって権利の取得を認めるものを「取得時効」(第 2 節)、逆に、権利の消滅をもたらすものを「消滅時効」(第 3 節)と呼ぶ。時効制度の存在理由としては、一般に、①継続した事実状態を保護して社会関係の安定や取引の安全を図ること、②時の経過によって真実の権利関係の立証が困難になるのを救うこと、③権利の上に眠る者を保護する必要に乏しいことなどが語られる。なにも統一的説明を与える必要はなく、短期消滅時効制度(169 条〜 174 条→ 2017 年改正で削除された)をはじめとして各種の時効制度について(不法行為の 724 条も参照)、その存在理由を考えればすむことであるが、取得時効については①②が、消滅時効に関しては②③が比較的重要な機能といえよう。

時効の更新など　時効には、「中断」があり（147条。2017年改正法では「更新」と呼ばれる）、当事者の「援用」を待って裁判所がこれを適用する（145条）。その点で、権利の絶対的な寿命を意味する「除斥期間」とは似て非なるものである（もっとも、その差は必ずしも明白ではない）。時効が完成すると、その効力は起算日に遡る（144条：時効の遡及効）とされているから、時効によって実体的な権利変動が生じるかに見えるが、当事者の援用を待たねばならないから、その性格の理解は分かれる。しかも最近では、援用権者の範囲がじわじわと拡がりつつあることにも注意が必要である。

不動産所有権の取得時効　時効によって取得される権利の代表は不動産所有権である（動産の場合は、取引安全の要請から192条に即時取得の制度があるのであまり問題にならない）。所有権の取得時効については、10年間、「所有の意思をもって」、「平穏にかつ公然と」他人の物を占有した者が、その占有の開始の時に「善意であり、かつ、過失がなかったとき」は、その物の所有権を取得する。また善意・悪意を問わず、20年間、所有の意思をもって、平穏にかつ公然と、他人の物を占有した者は、その所有権を取得する。反射的に、それまで所有権者であったとされる者は所有権を失う結果となる。

債権の時効消滅　他方、時効消滅する権利の代表例は債権である。消滅時効には、一定の政策的配慮から比較的短期に時効が完成する短期消滅時効と、長期の消滅時効の二種

があり、一般の債権については、権利を行使することができるときから起算して10年間で時効消滅するとされていた（旧167条）。短期に消滅する債権の例には、診療債権・建築請負代金債権・弁護士報酬債権などの3年、小売商品代金・授業料などの2年、運送賃・旅館宿泊代・飲食代金などの1年といったものが列挙されていたところである（旧170条〜174条）。消滅時効は、時が経過すると代金支払義務等を免れる無責任で不道徳な制度というより、受領書等の保管が困難なため、債務者がまちがって二重弁済を強いられないようにというのが実質的理由である。短期消滅時効はそのような観点から定められていた。しかし、2017年改正では、時効の進行停止を含めた新たな時効制度が導入された（進行中の時計が止まる）。

債権の原則的な消滅時効の見直し

改正前の民法では、債権は原則として、「権利を行使することができる時」から「10年間」行使しないときに消滅するとしていた（旧法166条、167条1項）。しかし、2017年改正後は、従来の民法の定めに加えて、「債権者が権利を行使することができることを知った時」から「5年間」行使しないときにも、債権が消滅することとされた（改正民法166条1項1号）。たとえば、目的物の引渡しと同時に売買代金を支払うという内容の売買契約（テレビを代金20万円で買い、テレビは即日納入、代金はその場で支払う売買契約など）を結んだ場合を考えよう。この場合、売主は目的物の引渡時から売買代金の支払いを請求することができるため、代金支払請求権は、目的物引渡時から10年間行使しなければ消滅する。しかし、

同時に売主は契約上、目的物の引渡時に支払請求できることを知っているので、改正後の民法の下では引渡時から5年を経過した時点で、すでに代金支払請求権は消滅する（前述の例では、テレビの納入時から5年経過時点で、売主は代金支払請求をしても、相手から時効を援用されれば債権は消滅する）。このように、一般的な契約関係においては、債権者が権利を行使することができることを契約上知っていることが通常であるため、2017年改正法は、特別な場合を除き、実質的には消滅時効の期間を5年間に短縮したことになる。

例外的消滅時効の見直し　従来の民法では、職業別の債権（現行民法170条〜174条）、定期金債権（168条）、定期給付債権（169条）について、例外的な短期の消滅時効の定めが設けられていた。また、不法行為による損害賠償請求権についても、被害者の保護などの趣旨から別途時効の定めがある（724条）。改正後の民法は、これらの例外的消滅時効が見直された。職業別の債権および定期給付債権の短期消滅時効の定めは廃止され、原則的な消滅時効に統一された。定期金債権については、時効の起算点が見直された（168条1項）。また、不法行為による損害賠償請求権については、人の生命または身体を害する不法行為に限って特則が定められ、被害者などが損害および加害者を知った時から「5年間」（現行法は3年間）に延長された（724条の2）。

時効の中断および停止の見直し　従来の民法では、一定の事由が発生した場合に時効の進行が停止し、それまでに進行した時効期間がリセットされて、新たに一か

ら時効が進行し始める「時効の中断」と、進行した時効期間はリセットされないが時効の完成が一時停止して猶予される「時効の停止」が定められていた。改正後の民法では、「時効の中断」を「時効の更新」、「時効の停止」を「時効の完成猶予」と名前を改めて区分されている（147 条～ 152 条）。時効に関する改正は、民法改正法の施行日から施行されている（附則 1 条）

【一口メモ：時効制度の存在理由】

　時効制度の存在理由は何処にあるのかについては、さまざまな考え方がある。たとえば、①長い時間を経過した事実は真実に近い、②事実の立証は時間的経過によって立証が困難になる、③権利の上に眠るものは保護に値しない。取得時効と消滅時効について、統一的な説明を与える必要はないが、さらに問題なのは、時効制度が、ほんとうの権利者である者を守るための制度なのか、それとも権利のない者に権利を付与するための制度なのかである。これによって、時効を援用する者が、いかなる主観的意図で権利行使をしているかが変わってくる。時効は、実に奥深い。

第3節

財産の法 1──物権法

1　物権とは

（1）物権の分類

　財産の法は、大きく物権法と債権法に分けられる。本節では物権法を扱う。

　物権とは、「物に対する直接的・排他的支配権」を意味し、物を自由に使用・収益・処分できる所有権に代表される。物権は、物の事実的支配に関わる占有権と、その権原・本権となる物権（所有権など）に分けることができ、さらに、所有権とその権能の一部をとりだした制限物権（用益物権・担保物権）に分類され、その総体として構成されている。

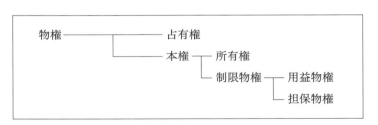

　債権が、対人的権利として、その性質上、当事者間での相対的効力しか認められないとすると、Bと他の債権者とは常に平等な立場で債権回収にあたるほかない（債権者平等の原則）。債権の最終的引き当ては、Aの保有する財産（＝責任財産^{せきにんざいさん}）であるが、裸の債権のままでは、他の債権者に自己の債権を優先させることはできず、結果として全額回収が危うくなる。そこで、Aの持っている財産である住宅の価値権のみを、期限に債務が支払われない場合に備えて譲渡してもらい、将来の所有権（処分権）を手に入れて、これを所有権の一部（制限物権）として公示しておく方法が考えられる。つまり、Aの持っている物に対する絶対的支配権（＝物権）の一部を手に入れることによって、他の債権者に対する優先権を確保するわけである。これによって、債権は、期限に確実に回収されるべく担保される。後述の抵当権の設定や不動産質権の設定は、まさにこのような意味を持つ。こうして、物権の一部は、債権の保全^{さいけん ほ ぜん}に資するべく機能する。物の処分権に関する部分的権利の支配が担保物権^{たん ぽ ぶっけん}と呼ばれる所以である。担保物権を利用して債権の保全・強化を図ることを含めて、近時では、財貨の帰属に関する静的な秩序維持以上に、財貨の動的な流れ（フロー）に対する社会的関心や重要性が高まっており、まさに債権の優越的地位^{ゆうえつてき ち い}が観察されることが多い。

（2）問題の展開

　具体的に、A所有地上に、B銀行からSが融資^{ゆう し}を受けて建物を建築し、これをMに賃貸している場面を想定しよう。

　問題の敷地所有者はAであり、Sがそこに自己の建物を建築して保有するには、Aから敷地利用権を手に入れる必要がある（さも

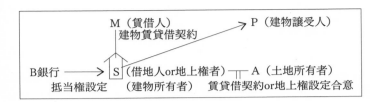

なければ、他人の土地の上に自己所有物が権原なく存在する状態は「不
法占拠（→物権の侵害）」となる）。敷地利用権を手に入れるには、
AS間で土地の賃貸借契約を締結する（→債権関係の形成）方法と、
土地所有権の一部である「地上権」を設定してもらう（→物権契
約・物権行為）方法がある。敷地上に建築した建物は、Bからの融
資を受けている（金銭消費貸借関係）とはいえ、Sの所有物である。
Sには、これを自由に使用・収益・処分する権利（＝物権）を有
し、SM間の建物賃貸借契約（→債権関係）によって賃料収入を得、
Mは借家人となって当該建物と敷地を利用（直接占有）する。つま
り、AS間の土地賃貸借関係、SM間の建物賃貸借関係は債権関係
として構築され、それぞれ賃貸人に対して賃借人が賃料を支払うこ
とと引き換えに目的物を「契約目的に従って利用させること」を求
める状態債務を発生させている。他方、土地・建物の所有は、物に
対する直接的支配たる物権として帰属が確定される。もし、AS間
で地上権を設定した場合は、Aが所有者であると同時に、Sが地上
権という制限物権の保有者となる（Aは物権上の制限としてSの利用
を甘受すべき立場にあるだけで、債務を負った状態とは区別される）。S
所有建物によるA所有地の占有や、Mによる建物の占有・利用も
また物権の問題である。Mによる敷地の占有・利用は、少し回り

くどいが、建物を通じての S の敷地占有権（しきちせんゆうけん）を、M が代理している（代理占有）と考えることになる。さらに、B 銀行が、A への融資に際して、将来の債権回収の確保のために、A 所有建物に抵当権をつけると、B が担保物権保有者であり、もし S が融資（ゆうし）された貸金返還債務の弁済を怠ると、担保が実行されて建物所有権が第三者（競落人）の手に移る結果となる（それまでの使用・収益権は所有者たる S にある）。さらに、この建物を S が P に売却譲渡する場面になると、物権関係では、S から P への抵当権付き建物の所有権移転が問題となり、債権関係では A の借地権譲渡の有効性（地上権の場合は、地上権付き建物が移転するのみである）、M の賃借権の第三者対抗の問題へとつながっていく（結論から言えば、特別法の保護等によって、一定の要件下で「売買が賃貸借を破る」ことはない [606 条、借地借家法 10 条参照]）。このように、法律関係の展開は、債権関係と物権関係の両面からながめていくことで、適用されるべきルールや、問題の全体像を把握することが可能になるわけである。

物権公示の原則 物権は、絶対的な対世効（たいせいこう）を持つため、何らかの公示（こうじ）が必要である（公示の原則）。不動産の公示方法は「登記」である。動産の公示方法は、基本的には「引渡し」の有無や占有状態によるが、船舶・航空機・自動車など特別な登録制度を有するものについては、「登録（とうろく）」が公示手段として利用されている（船舶法 [明治 32 年法 46 号] および船舶登記規則、航空法（昭和 27 年法 231 号）および航空機抵当法（昭和 28 年法 66 号）に基づく航空機登録令（昭和 28 年政令 296 号）、道路運送車両法（昭和 26 年法 185 号）ならびに自動車登録令（昭和 26 年政令 256 号）に基づく

自動車登録規則（昭和45年省令7号）および自動車抵当法［昭和6年法15号］など）。

（3）物権の効力一般

　物権は、特定の物に対する対世的な排他的支配権であることから、一定の優先的効力（ゆうせんてきこうりょく）が認められ、その円満な支配が妨害されている場合に、その妨害除去権能（ぼうがいじょきょ）が認められる（物権的請求権（ぶっけんてきせいきゅうけん）と呼ばれるものであるが、物権の種類によって内容が異なる）。

　前者の優先的効力は、①物権相互間において、先に成立した物権が優先することが原則となり（例外は先取特権に関する329条〜331条、334条、339条）、②債権との関係で物権が優先するという形で現れる。物権相互の優先劣後のあり方は、成立の原因となる債権に排他性がないことから、もっぱらそれぞれの物権の成立が客観的に確認される方法（公示）を通じて優先劣後が判断される。したがって、時間的に、ある不動産について第1売買と第2売買がなされたとしても、第1売買が優先するわけではなく、先に公示手段（移転登記）を備えた者が優先する結果となる（後述60頁）。ただ、不動産などでは、将来の物権移転の請求権であっても、仮登記（かりとうき）によって保全されると、それが本登記されるまでに生じた物権に優先することが認められている（不動産登記法105条、106条。仮登記の「順位保全効」といわれる。）。無論、物権にも公示に適しないものがあり、占有権や留置権のように、占有や留置の事実によって他の物権の行使に優先する場面もある。また、先取特権のように、それぞれの物権と債権との密接な関係から政策的に優先権（ゆうせんけん）を認めているものについては、成立や公示の先後で優劣を決めるのではなく、法律に

よって優先関係が定められている場合がある。

物権の優先効と債権者平等原則

次に債権との関係での優先効を考えよう。債権は対人的な給付請求権でしかなく、排他性がないため、一般の債権者は特定の物の支配に関して物権保有者に劣後せざるをえない。債権者と物権保有者の利害関係が現実化するのは、結局のところ債務者の責任財産が債権総額に満たない場合（無資力のとき）であるが、このときも、物権保有者が債権者に優先する。したがって、債権関係の変化に関わらず、所有権者・用益物権保有者は引き続き当該目的物についての権利を享受し得るだけでなく、破産時には取戻権（破産法62条以下）、強制執行に対しては第三者異議（民事執行法38条）を提起できるなど（担保物権の別除権につき破産65条、優先配当請求につき民事執行87条、133条など参照）、優位な立場にある。ただし、差押債権者や破産債権者は、一般債権者とは異なり、当該目的物に関する物権変動に新たな利害関係を有する「第三者」といえることから、物権保有者といえどもそれらの者との関係で対抗要件を備えておく必要を生じ、優先的効力の成否は対抗力の有無にかかる結果となる。

2 物権編の内容概観

(1) 物権編の構成

民法典物権編は、第1章総則から第10章抵当権まで全10章で構成されている。条数でいうと、民法175条から398条の22までであり、削除されたものおよび枝として追加されたものを差し引きすると、全部で243ヶ条ある。このうち、もっぱら不動産を対象

とする規定が約 120 ヶ条、動産を対象とするものが約 30 ヶ条、残り約 90 ヶ条が共通ルールであるから、物権法が、いかに不動産に関わる規律を多く含んでいるかがわかる。それだけ人々の生活秩序において不動産が果たす役割が重視されてきたわけである。

土地利用におけるローマ法型とゲルマン法型　歴史的には、ヨーロッパの土地所有権について、二つの大きな考え方があり、所有者の支配権を極限まで容認して絶対性を強調するローマ法型と、他の所有者との利益調整や共同所有を重視して相対性を強調するゲルマン法型があるといわれる（篠塚『土地所有権と現代』）。ローマ法型は大地主の保護に傾き、土地を商品として扱うところから土地の騰貴を招き易いなどといわれる。他法、ゲルマン法型は小農の立場に配慮したもので、利用権の保護を重視して労働力に応じた土地の分配を目指す傾向にあるという。この分類でいえば、日本民法典の規定は、基本的にはローマ法型であるが、権利濫用の禁止の法理や、人格権・環境権などの進展で、次第に所有権の義務性や拘束、公共の福祉が強調されている。実は、ローマの時代にも、所有権の絶対性は貫徹されていたわけではなく、後代の学説の誇張である。

物権法定主義　民法物権編は、総則のほか、全部で 9 つの権利をならべる。私人が勝手に物権を造ってはならないという「物権法定主義」の建前からすると、この 9 個の物権は、債権法における 13 種の典型契約のような例示でなく限定列挙ということになるが、入会権や温泉権のような慣習法上の物権な

どもあるから、必ずしも徹底していない。

　さらに、この物権編の 10 章の並び方が、それ自体で、一つの体系を表現していることにも留意したい。第 1 章は、物権全体にかかわる総則規定であるが、2 章以下は、大きく「事実としての物の支配状態」の保護や効果にかかわる「占有権」と、それ以外の、本権としての物権（占有等を基礎づける実体的な権利）に分けられる。第 3 章の「所有権」は、まさに完全な物の支配権を意味する本権としての物権の代表であり、物の使用・収益・処分といった権能の総体を含み、それ以外の部分的な物権の「権利の母」となるものである。

　所有権の権能のうち、物の使用・収益権あるいは将来の処分権（交換価値）に関わる部分的権能を他者に支配させる場合があり、この切り取られた部分を「制限物権」あるいは「他物権」などと呼ぶ（これも一種の「物権」である）。

制限物権　制限物権のうち、物の使用・収益権能に関わる物権を「用益物権」、価値の支配に関わる物権を「担保物権」という。民法上の用益物権は不動産に関わる規定がほとんどで、地上権・永小作権・地役権が章として立てられている（第 4 章から第 6 章）。個別条文の中では、入会権が物権として認知されている（263 条、294 条）。

不動産賃借権の物権化　債権ながら不動産賃借権も、借地借家法でその保護を強化され、用益物権に近づけられている（「賃借権の物権化」などと言われる）。

58

担保物権 他方、将来の処分権（交換価値）の支配に関しては、
法律上の優先権として定められた留置権・先取特権
の二つがあり（第7章、第8章）、「法定担保物権」と呼ばれる。当事
者の約定によって設定された「約定担保物権」としては、質権・
抵当権がある（第9章、第10章）。よく利用されるのは抵当権であ
り、特に不動産に関しては抵当権が最も典型的な担保物権である。
抵当権をモデルとした特別法上の担保物権も多い。そのため、抵当
権は「担保の女王」と呼ばれる。なお、担保物権は、もっぱら債権
の回収確保のために利用されるものであるから、債権総論で登場す
る保証などと同様の機能を営み、契約によって、事実上の担保的
機能を果たすべく考案された譲渡担保のような非典型担保（変形担
保・変態担保）も少なくない。なお、以上のような物権法上の担保す
なわち物的担保にたいして、保証人などは人的担保と呼ばれる。

　以下、各章の内容を概観する。

（2）　物権総則

　総則は、175条から179条の5ヶ条からなる。条文数は少ない
が、不法行為規定とならんで議論も多く、判例の数も多い。

物権変動と対抗要件 まず、物権が排他的独占的支配権である
ことから、冒頭に、物権が民法その他の
法律によって定められた種類・内容のものの他には当事者が自由に
作り出すことができないという物権法定主義を定めた規定がある
（175条）。その上で、物権の成立とその後の内容の変更・移転につ
いて、当事者の意思表示によってのみ可能とし（176条）、取引の安

全は、その事実を公示することによって図るものとした。次いで、物権を取得したり変更したりするといった得喪変更（「物権変動」という）に関する規定が 3 ヶ条ならぶ。重要な条文で、物権変動を他人に主張するための要件（対抗要件）がそれぞれ不動産・動産に分けて定められている。不動産については「登記」、動産については「引渡し」が、物権の変動を第三者に主張するための対抗要件とされている（177 条、178 条）。

不動産登記の公信力？

日本の不動産登記には公信力がなく、登記があるからといって、そこに必ず実体的権利が伴っていると考えることができない。登記は、あくまで自己の物権を主張するための要件でしかない。たとえば、不動産が二重に譲渡されてしまった場合、第 1 買主が優先するわけではなく、第 2 買主との関係は対抗関係に立ち、いずれか先に登記を備えた方が勝つことになる。確かに第 1 売買で所有権が第 1 買主に移転してしまうので売主は無権利者になり、空っぽの登記を信じた第 2 買主が善意者保護の観点から保護されるように見える。しかし、176 条と 177 条を併せて読むと、売主は、登記を移していない場合は、なお、第 2 買主に所有権を与えることができるのであり、第 1 売買は不完全な物権変動しか生じない。物権変動における意思主義と対抗要件主義の組合せは、日本の物権法の特徴の 1 つであり、フランス法の流れをくむものである。二重譲渡などということは滅多に起きることではなく、実際上は、第 1 買主と売主の差押債権者との間で問題となることが多い。ここでは、登記や引渡しといった行為（＝物権行為）を独立させて、物権の移転をこ

れにかからしめる方法を採らず、単に対抗要件とするにとどめた点が重要である。その結果、とくに不動産取引における第三者の信頼保護の問題は、登記による外観の作出や自らへの登記具備の懈怠を責めるという形で図られることになる。判例・学説上の議論の多いところで、不動産登記に対する善意の第三者の信頼を保護するために「94条2項の類推適用」（事後の外観放置を事前の通謀とみたてた類推の手法）が語られ、逆に登記を備えていないことを責めるのが信義に反する場合の「背信的悪意者排除」の議論（不動産登記法5条も参照）などが展開されている。その限りで、登記の外形を信じた者を保護すべしとする公信力説に接近しつつある。

動産における公信の原則　なお、動産に関しては、即時取得（192条）の制度が存在する結果、公信の原則が働いている。

物権の消滅　残る179条には、同一人物に本権たる所有権と他物権が帰属した場合の混同による原則的消滅が定められている。物権の消滅原因のうち、「混同」消滅だけが規定されているのは、やや奇妙であるが、占有権以外の物権に共通する規定という理由で、ここに位置している。取得時効の反射的効果としての所有権の消滅などは、「総則」で扱われている。

（3）占有権

占有権とは　物権編第2章は、180条から205条の26ヶ条で、占有権について定める。その法的性格については

古くから議論があり、末川 博 博士をして「占有論はラビリンス（迷宮）である」と言わしめた領域である。その特殊な性格の故に、占有権を他の物権と並べて物権編に置くことについてすら議論があり、要注意の物権の一つである。

「占有」は、「自己のためにする意思をもって物を所持すること」と定義され（180 条）、本権とは別の事実的支配状態を表している。その意味では、物権に含めたのは便宜的な扱いであって、実質的な物権とは異なる特異な性格のものである。占有権は、「所持」という客観的態様と「自己のためにする」という占有意思（主観的要素）から成り立つ。この主観的要素がどの程度必要かには議論があるが、現在では主観的要素が後退しつつある。所持とはいっても、他人（占有代理人）を使って占有させることも可能で（181 条）、この占有代理人が直接占有者、本人が間接占有者と呼ばれる。

占有の移転など 占有権を移転する方法の基本は、占有物の「現実の引渡し」であるが、それ以外にも、代理占有を介することで、簡易な引渡し・占有改定・指図による占有移転などが可能とされている（182 条〜 184 条）。占有者は、所有の意思を持って善意で、平穏に、かつ公然と適法に占有するものと推定され、また前後の二つの時点で占有していたという証拠がある場合には、その間継続して占有していたものと推定される（186条）。時効の完成や即時取得との関係でも重要なルールである。

占有権の効力と占有訴権 第 2 節は、「占有権の効力」にあてられ、特に本権者からの返還請求や、

費用・果実の清算問題に対処するため、占有者が占有物について行使する権利の適法の推定、占有に伴う果実の取得（189条）ならびに悪意占有者の果実返還義務（190条）や損害賠償責任（191条）、占有に伴う費用の清算（196条）などが規定されている。

即時取得　動産の占有の効力に関する重要なルールの一つが「即時取得」であることは既に述べた。取引行為によって、平穏に、かつ、公然と動産の占有を始めた者は、善意・無過失であるとき、即座にその動産について行使する権利を取得する（192条）。不動産の場合と異なり、取引の安全が重視された結果である。ただし、その動産が盗品・遺失物であるときは、本人の意思によらないで占有を失ったものであるため、第三者の即時取得に一定の制限がある（193条、194条）。占有権は、法が自力救済を禁じたことの反面として、事実状態を尊重するということの現れとして付与された権能である。したがって、占有権は本権を公示する機能があるほか、物に対する事実上の支配が攪乱された場合について、タイトル（支配すべき権原）の有無にかかわらず、現実に物を支配しているという事実状態に基づいて妨害や侵害を排除する権能、占有使用を通じて時効などによって本権を取得させる機能も与えられている。侵害に対する占有権の保護は、妨害停止及び損害賠償を内容とする「**占有保持の訴え**」、妨害予防又は損害賠償の担保請求を内容とする「**占有保全の訴え**」、物の返還及び損害賠償を内容とする「**占有回収の訴え**」の三つの訴権（**占有訴権**）によって図られている（197条〜202条）。

【一口メモ：悪魔の証明】

　悪魔の証明とは、「《この世には悪魔など存在しない》と主張するなら、それを証明してみせろ」と迫ることからきた用語（probatio diabolica の訳）である。悪魔の証明は、多くの場合「存在しないことを証明する」「疑惑が事実でないことを証明する」という意味を表現する。そのような証明の著しく困難な状況を前提として、それを回避する必要が求められる。占有訴権は、所有権という絶対権の帰属を証明することが困難であるために、占有による正当な権限の存在の推定を働かせ（186 条参照）、本権である所有権の立証に代える機能がある。「君の持っている本は、本当に君のものか？」、「それは私のものではないのか？」と嫌疑をかけられた場合を想定していただきたい。「悪魔の証明」は、最近では、消極的事実の証明の困難さを示すために語られている（谷岡一郎『悪魔の証明』［ちくま新書、2021 年］など参照）。

（4）所 有 権

権利の母　　物権編第 3 章は、206 条から 264 条の 58 か条からなる（208 条は削除）。本章は、物権の代表である「所有権」を扱う。所有権は、物に対する包括的・排他的・全面的支配権で、消滅時効にかかることもない絶対権として構成されている（所有権の恒久性）。客体のさまざまな価値についての全面的支配権を始め、使用・収益・管理・処分権といった権能をすべて含むオール・マイティの権利であり（206 条）、「権利の母」などとも言われる（もっとも条文上は、主として用益的側面が問題とされている）。土地所有権などは、「法例の制限内において、その土地の上下

に及ぶ」と高らかに宣言されているが（207条）、完全に無制限な所有権の存在はむしろまれで、何らかの公法的制限、私法的制限を受けつつ存在する場合がほとんどである。

| 相隣関係 | 民法典で分量的に目立つのは、第1節第2款の「相隣関係」に関する規定群である。土地利用に関する |

物権相互の調整をはかって、かなり細かい規定が並んでいる（209条〜238条）。それだけ、歴史的にも、土地・建物の境界付近での相隣紛争が多かったということであろう。他人の土地に囲まれてしまった土地（囲繞地）は、行動に出るための通行権が認められている。水は、基本的に「高きより低きへ」と流れる。ちなみに、塀を越えてきた隣の柿の木になった実は採って食べてはいけないが、隣の竹林の根が延びてきて、こちらの敷地に竹の子が生えた場合は採って食べてかまわない。

【閑話休題：大岡政談「金魚屋騒動」】

江戸の町奉行 大岡忠相の名裁判の一つに「染物屋と金魚屋騒動」がある。あるところに、染物屋と質屋が軒を並べて建っていた。因業な質屋は、質蔵が手狭になったので、境界ギリギリまで2階建ての質蔵を建設し始めた。困ったのは、隣の染物屋で、質蔵が立つと日が射さず、染物を干して乾かすことができなくなって仕事にならない。そこで、畏れながらと奉行所に訴えた。大岡は、思案の上、染物屋に向かって「それならば、このさい金魚屋に職換えしてはどうか」と尋ねた。「ついては、金魚を育てるには池が必要になろう。そこで、境界ギリギリまで池を掘って、そこで金魚を増やせば

良い」というわけである。「そんなことをされては、倉の中にある衣類や反物が黴びてしまいます」と質屋。かくて、大岡は、それぞれが相手の日照を妨害をしないように自分の敷地に工作物を、距離をおいて建設することを命じたという。相隣関係の調整や日照妨害をめぐっての裁きの一幕。なお、234 条参照。大岡政談については、講談社名作文庫（3）、岸本雄次郎『大岡裁きの法律学』［日本評論社、2011 年］が興味深い。

| 附　　合 | 続いて、第 2 節（239 条以下）は「承継取得」以外の所有権の取得に関する規定である。具体的には、 |

拾った・見つけた以外に、複数の物を一体化させる添付［附合・加工・混和］に関する権利関係（とくに元の所有者間での清算問題）の定めがある。入り交じって識別が困難になったり、合体・合成することにより、全体を 1 個の物として扱うことが適当な場合が少なくないからである。さらに進んで、実務では、経済的観点から複数の物や権利を「集合物」として扱うこともある。

【閑話休題：加工】

　トイレのドア内側に、暇に任せてピカソがいたずらに書いた落書き。コンテナ車両の壁面にバンクシーが絵を描いたらしい。さて、この絵は、誰に帰属するのだろう。加工の規定（246 条）をみながら考えてほしい。普通の「落書き」は、器物損壊罪になったり、所有権侵害になる。加工の規定によれば、加工物は、基本的に、材料の所有者に帰属する。しかし、工作によって生じた価格が材料価格を「著しく超えるときは」、加工者がその加工物の所有権を取得す

る。ピカソやバンクシーの落書きとなると、むしろドアやコンテナ代より高額な価値をもたらすかも知れない。とはいえ、腕に自信ある方も、そんな悪戯はせず、ちゃんとスケッチ・ブックを購入して、絵を描くのが正しい。

共同所有　第3節（249条〜264条）には、一つの物について所有者が複数ある場合（共同所有＝共有）の処理のルールが並ぶ。共有においては、持分という観念が鍵になる。目的物自体が分割支配されるのではなく、持分に応じて全体を使用・収益できるというものである。比喩的には、複数のゴム鞠を一つ分の容器にギュッと詰め込んだ状態であり、一物一権主義の建前からすると例外的状況であるから、できるだけ単独所有に向かうように制度設計されている（共有物分割請求［256条］）。しかし、実際には、高層ビルのごとく、恒常的に共同で一つの物を利用するという事態は避けがたい。

区分所有法　関連して問題となるのは、共同住宅などにおける区分所有の場合の問題処理である。かつては208条に簡単な規定があったが、昭和30年代後半以来のマンション問題などには、充分対応しきれないため、特別法として「建物の区分所有権等に関する法律（区分所有法）」（昭和37年法69号）が制定されたのに伴い、削除された（区分所有法について、詳しくは、丸山英氣『区分所有法』［信山社、2020年]）。

準共有ほか　なお、所有権以外の財産権を複数人が同時に有する場合にも、準 共有として、共有の規定が準用される（264 条）。一つの物の複数の所有者が関わる形態には、本節にいう狭 義の 共 有のほか、組合財産や相続財産のごとく目的にしたがって分割請求を制限された合有や、権利能 力 なき社団の財産や入会地のように持分の観念もない総有もあるので、注意を要する。

（5）用益物権

用益物権とは　所有権のうち、他人の土地を一定目的のために使用・収益する権能を部分的に取り出した物権が用益物権である。民法典には、第 4 章「地上権」（265 条〜 269 条の 2）の 6 ヶ条、第 5 章「永小作権」（270 条〜 279 条）の 10 ヶ条、第 6 章「地役権」（280 条〜 294 条）の 15 ヶ条、および「入会権」（263 条、294 条）に関する 2 ヶ条が規定されている。本体の所有権がこれによって制限を受けることや、用益権自体、所有権のような全面的権利ではなくて制限的権利であるため、次の担保物権と併せて「制限物権」と呼ばれる。他人の所有物に対する権利ということで、「他物権」という呼称もある。特別法上の鉱 業 権や漁 業 権もこの用益物権に属する。

地 上 権　地 上 権は、他人の土地の上に工作物や竹木を所有するために当該土地を使用する権利で（265 条）、立法者は、主として建物の敷地使用権として利用されることを予定していたらしい。ところが、実際には、地主が地上権より効力の弱い

（と考えられた）賃借権を好んだため、建物用敷地には圧倒的に土地賃借権が利用されている。なお、条文に枝番号のある 269 条の 2 は、昭和 41（1966）年に、土地の立体的利用の進展に合わせて、地下および空間の一部の範囲を定めて地上権の目的とする場合（区分地上権）に備えて新設された規定である（昭和 41 年法 93 号。登記については、不動産登記法 78 条 5 号）。

永小作権　永小作権は、小作料を払って他人の土地で耕作・牧畜をする物権で（270 条）、もともとは、荒蕪地の開墾者に与えられた強力な土地使用権であった。しかし、地租改正以来の近代所有権制度の確立にともない、他物権の一つとされた。旧来の永小作権の存続期間が民法施行後 50 年でその存続期間を打ち切られたことや、農地改革による買収処分の対象となったことなどから、現在ではほとんどみられなくなっている。

地役権　地役権は、他人の土地を自己の土地の便益に供する物権で（280 条）、その歴史は古い（かつては人役権・地役権が利用権の中心であった）。他人の土地を介して「引き水」をしたり（用水地役権）、隣地を通行するなど（通行地役権）、自己の土地の利用価値を増すために他人の土地を利用する権利をいう。ある土地が別の土地の「役に立つ」ということで、これを「要求する」側の土地を要役地、そのような「要求を承る」側の土地を承役地と呼ぶ。周りを囲まれて公道に出られないような土地を囲繞地といい、そこから公道に出るまでの周辺土地に最もコストの小さな通路を通行できる権利を囲繞地通行権などと呼んでいる（自分の土地を

分割してできた囲繞地は、基本的に他の分割地を通って公道に出ること
を要求される）。土地相互の利用関係の調整をはかる相隣関係の強行
規定に反しない限り、問題とされる便益の内容に制限はなく、地役
権は、通常、契約によって設定される。しかし、通行地役権のよう
に間断なく実現されている場合は、時効取得も認められ（283条）、
他面で、消滅時効にかかることもある（291条、293条など参照）。
地役権は、要役地の便益を増すために設定されるものであるから、
原則として、要役地の所有権移転と共に随伴して移転する性質（随
伴性）を有する（281条）。

入 会 権　　入会権は、一般に、村落や一定地域の住民に総有的
に帰属し、一定の山林・原野などで共同して収益
（野草・雑木等の採取など）しうる慣習上の権利である。民法は、「共
有の性質を有する入会権」については各地方の慣習のほか民法の共
有規定を適用し（263条）、「共有の性質を有しない入会権」は地方
の慣習のほか民法の地役権に関する規定に従うとしているが（294
条）、もともと慣習上の権利であるから、民法規定の適用余地は乏
しい。その権能も、入会団体の構成員たる資格に基づいて各々認め
られる。今日では、入会団体の崩壊や、「入会林野等に係る権利関
係の助長に関する法律」（昭和41年法126号）によって、その権利
内容も次第に変化し、純然たる共有地に移行するなど、次第に消滅
しつつある。そのことが、自然との共生やいわゆる「里山」の崩
壊という問題を生じていることにも注意しなければならない。

その他の用益物権　この他、慣習上認められた用益物権として、流水利用権（水利権）、温泉専用権（湯口権）などがある。それらは、物権法定主義の建前に反するようにも見えるが、一般には、法の適用に関する通則法3条（旧法例2条）の「慣習法によって認められた権利」と説明されている（温泉専用権につき、大判昭和15・9・18民集19巻1611頁）。

(6) 担保物権

担保物権とは　「担保物権」は、既述のように、債権回収を確実にするために物の価値権を支配する物権である。これには、当事者の意思と関わりなく法律上当然に認められる法定担保物権である「留置権」（295条〜302条）、「先取特権」（303条〜341条）と、当事者間の契約によって設定される約定担保物権である「質権」（342条〜368条[367条および368条は、平成17年法87号で削除]）、「抵当権」（369条〜398条の22の）の4種類からなる。中でも抵当権は重要で、担保物権のモデルを提供している。

担保物権の機能　担保物権は、債権の信用を強化し、最終的には、債権の実現が危ぶまれるときに、その物の価値から他の債権者に優先して弁済を受けて債権を優先的に回収する機能を営む。保証契約で付けられる「保証人」のような人的担保に対して、物的担保とも呼ばれる。通常は、担保物権によって担保される債権（被保全債権）と運命を共にする（附従性）。債務が履行されない場合の引き当てであるから、担保物権の存在が直ち

71

に物の利用形態に大きな意味を持つわけではない（留置権や質権の
ように債務の履行への推進力を得るために使用・収益を奪うことはあ
る）。現実に、担保権者は、目的物の利用ではなく、その潜在的価
値を把握しているに過ぎず、実行時に優先弁済を受けるという形
で、その支配を現実化する。とはいえ、担保権者は、目的物の担保
価値を維持・保存することについて重大な利害と関心を持つため、
その限りで、一定の管理権能があるものと考えられる。また、留置
権以外の担保物権保有者は、目的物が、売却・賃貸・滅失・破損
などによって金銭債権（代金債権・損害賠償請求権・保険金請求権な
ど）に転化した場合、この転化物の上にも効力を及ぼすことで、目
的物の担保価値の減少を防ぐことができる（これを物上代位とい
う。304 条、350 条、372 条）。

　まず、法定担保物権の留置権と先取特権から見よう。

留置権　留置権は、他人の物の占有者が、その物に関して
生じた［弁済期にある］債権を有する場合に、その
弁済を受けるまで当該目的物を留置する権利である（295 条）。たと
えば、自動車を修理した自動車修理工場が、修理代の支払いを受け
るまでは当該自動車を留置し、誰に向かっても引渡しを拒むことが
できる。これが留置権であり、弁済を間接的に強制するわけであ
る。債権との目的物の牽連関係の存在は多様で、双務契約以外から
も留置権が発生し、契約関係にない第三者に対しても主張できるた
め強力ではあるが、機能は「同時履行の抗弁権」（533 条）と似てい
る。互いに間違えて持ち帰った傘の返還請求権のように、同一の事
実関係から生じた場合も留置権が発生する。なお、商法上も留置権

に関する規定がかなり存在する（商法31条、521条、557条、562条、589条、753条2項、会社法20条など）が、民法と商事留置権は沿革や要件が異なるので注意を要する。

先取特権　先取特権は、一定の政策的配慮から、特殊な債権について、債権者平等の原則を破って債務者の総財産あるいは特定財産からの優先弁済権を付与したもので、フランス民法から引き継いだものである。ただ、一般の先取特権は、登記なしに一般債権者に優先しうる反面で、登記した第三者には対抗できず（336条）、不動産先取特権の登記は対抗要件ではなく効力要件とされているなど、やや不完全な優先権でしかない。さまざまな先取特権があって、条文数も多く、その根拠も一様ではない。有名なものでは、雇人の給与の先取特権（306条2号、308条）、葬式費用の遺産に対する先取特権（306条③号、309条）、旅館の宿泊代の持込み荷物に対する先取特権（311条2号、317条）、動産売買代金の売却物に対する先取特権（321条）、不動産工事代金の当該不動産に対する先取特権（325条2号、327条）などがある。要は、債権者平等原則に委ねて按分比例で弁済を受けることが妥当でないと法が考える債権を特別に保護しようとする政策的産物であり、いわば問題となる債権と目的物の関係、「縁の深さ」を背景にしつつ、債権者間の公平、弱小債権者への社会政策的配慮、当事者意思の推測などによって基礎づけられたものである。今後、不法行為に基づく損害賠償請求権や、配偶者の財産分与請求権なども問題となり得よう。

質　権

留置権・先取特権に対し、質権と抵当権は、当事者間の契約によって設定されるものであるから、「約定担保物権」と呼ばれる。質権は、債権者がその債権の担保として債務者または第三者（物上保証人）から受け取った物を留置し、かつ、その物について他の債権者に先立って自己の債権の弁済を受ける権利である（342条）。これは、目的物の占有を債権者に移転するタイプのもので（占有が公示の機能を果たす）、通常は動産質（352条）がよく知られているが、不動産質（356条）や債権質（363条）などの権利質もある（362条）。債権の弁済がなされない場合には、この目的物を換価して他の債権者に優先して弁済を受けることができるわけである。物を債権者から取り上げることで、使用・収益を失わせて心理的圧迫を加えることで弁済を間接的に強制するもので、古来、日本の担保は「質」が基本であったらしく（「質」は「実・誠実」に通ずる）、あらゆるものが質の対象となった（人質・名誉質・芝居の十八番の質入れなど）。次に説明する抵当権に比べると、質権の目的物の範囲は広く（343条と369条を比較されたい）、被担保債権の範囲も広い（346条と374条を比較されたい）。

根　質

将来の継続的取引から発生する不特定の債権も被担保債権となりうる（これを根質という）。被担保債権が新陳代謝しても、担保は「根が生えたように」、個々の債権に付随して移動しない。ただ、今日では、債務者の使用・収益を奪う留置的効力は、しだいに二次的なものになり、はじめから換金などを前提とした優先弁済的効力や収益的権能が重視されている（債権質の直接取立権［366条］も）。とくに、商取引による債権では、

動産・債権譲渡特例法による登録制度、債権質では、社債や株式のペーパーレス化にともなって、保振法・社債振替法による磁気記録が重要な役割を演じ始め、質権の占有移転型担保としての性格を大きく変容させつつある。

【閑話休題】
　女子大の傍に質屋が多いのには理由があるらしい。多くの女子学生が貧しいからでは決してない。別れた彼からの贈り物を、質に出し、最初から換金目的で、「質流れ」を予定している可能性が高い。

抵当権　抵当権は、主として不動産に対するものであるが、何といっても物的担保の代表格である（担保の「女王」）。抵当権では、債務者または第三者（物上保証人）が債権の担保するために提供した不動産等の目的物の占有を移すことなく（この点で質権と異なる）、これを担保提供者の使用・収益に任せ、債務不履行の場合に当該目的物の価額から優先弁済を受けることを内容とする権利である（369条）。登記が対抗要件となるため、不動産が中心であるが、特別法で、工場や自動車、建設機械、船舶、飛行機などについても登録制度を設けて抵当権が設定できるようになっている。住宅ローンで金融機関が借主の新築した建物に抵当を付けるように、もっとも単純なタイプの抵当権（普通抵当権）は、一定額の債権についての担保として個別に設定され、その債権に対する附従性・随伴性を有し、成立・変更・消滅において当該債権と運命を共にする。抵当権が実行されると、目的不動産に「付加し

75

て一体となっている物」についてその効力が及び、優先弁済を受けることができる。

根 抵 当　しかし、事業者と金融機関の継続的な関係では、絶えず複数の債権が発生したり弁済されたりしていくので、いちいち抵当権を設定したり抹消したりするのも大変である。そこで、実務界では、一定額の上限を極度額（きょくどがく）として定めておき、不特定の「新陳代謝する」債権を担保する「根抵当権（ねていとうけん）」が利用されてきた。根抵当については、あまりに広範な被担保債権を伴う包括根抵当の有効性に疑義を生じたこと等を機縁（きえん）に、昭和 46 年法 99 号によって 398 条の 2 ～ 398 条の 22 に規定が新設・整備された。根抵当では、最終局面での確定（かくてい）（398 条の 19、398 条の 20）の時まで、個々の債権（被担保債権）に対する抵当権の附従性・随伴性が否定される（398 条の 2、398 条の 7）。今日の事業者間取引（じぎょうしゃかんとりひき）では、根抵当権の方が主流となっている。

【一口メモ：根（ね）】

「根（ね）」という言葉は、「境界を越える（きょうかいをこえる）」という意味合いがあるらしい。年を越えて積もった雪を「根雪（ねゆき）」と呼ぶのを思い出してほしい。経済界（けいざいかい）では、根質（ねしち）、根抵当（ねていとう）、根譲渡担保（ねじょうとたんぽ）などのように、包括的で、あらゆる個別債権を巻き込んで、担保のために様々な目的物を組み入れていく「根担保（ねたんぽ）」が増えている。将来債権の集合債権化と包括譲渡の問題を含めて、この傾向は、結局、市場システムの再編（へん）という組織的（そしきてき）な動きと結びついていると考えた方が良い。

抵当権と短期賃借権　抵当権についての深刻な問題は、抵当目的不動産に関わる賃借権などの利用権との調整であり、ときに、詐害的短期賃貸借による抵当権の実行妨害への対応が多くの議論を生んだ。現在では、抵当権の唯一の「アキレス腱」でもあった短期賃貸借の保護規定（旧395条など）が削除され（2003年改正）、抵当権に遅れる建物賃貸者は、その期間の長短を問わず一律に抵当権および競売における買受人に対抗できないものとされた。しかし、その一方で、抵当権に対抗できない建物使用者には6ヶ月の明渡猶予期間が与えられている（395条1項）。また、抵当権に遅れる賃借権でも、抵当権者の賃借権への同意の登記があれば抵当権者に対抗できる制度が創設される（387条）などの制度的対応が進められている（民事執行法55条1項、55号2項など参照）。

執行妨害対策　これに併行して、敷金を賃借権登記の登記事項とする改正がなされ（不動産登記法81条4号）、買受人が敷金返還義務で悩まされることがないようにしている。執行妨害の占有型が短期賃貸借であるとすれば、譲渡型の執行妨害となっていたのが滌除制度（旧378条）の濫用であったが、これについても装いを新たに抵当権消滅制度が整備された（2004年改正後の379条）。また、バブル崩壊後、抵当目的物が思うように売却処分できないこともあって、その収益力が大いに注目されている。民法の基本姿勢は、あくまで使用収益権や管理権を抵当権設定者のもとに残すものではあるが、債務の不履行があった後は、抵当権の効力が抵当不動産の果実（賃料など）にも及ぶこととされ（371

条）、同時に、民事執行法に収益執行制度も導入されている（民事執行法 180 条 2 項）。

非典型担保の各種 　以上のほかにも、約定によって担保的機能を果たしているものが相当数あり、これが実務上も重要な機能を営んでいる。物権法定主義の建前からすると問題が無いわけではないが、取引慣行として既に無視できない存在であり、社会的にも認知されて現在に至っている。とりわけ、不動産の代物弁済予約と仮登記を組み合わせた担保方法については、「仮登記担保法」（昭和 53 年法 78 号）の成立を見て、法的にも認知された。その他、代金完済まで所有権移転を留保する所有権留保や（なお最判昭和 50・2・28 民集 29 巻 2 号 193 頁参照）、外形上、目的物の権利を債権者に移転してしまう譲渡担保（これも集合物譲渡担保・集合債権譲渡担保のように担保目的物の中味に流動性を与えたものが開発された［最判昭和 62・11・10 民集 41 巻 8 号 1559 頁］）。その対象は「将来債権」にまで及び［最判平成 12・4・21 民集 54 巻 4 号 1562 頁］、取引界でしばしば利用されている。その発展は著しい。また、一定の条件の下での相殺予約をすることによって対等額の債権については回収を確実にする方法や（相殺の担保的機能）、債務者が他に持っている債権の取立権を全て譲り受ける「代理受領」や「振込指定」など、約定担保の世界はきわめて多彩である。そして、現在では、この担保権そのものが一定の価値をもつものとして流動化を始め、金融界で重要な機能を果たすまでになっている。

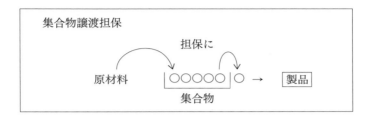

集合物譲渡担保

担保に

原材料　〇〇〇〇〇 〇 → 製品

集合物

【一口メモ：流動動産譲渡担保の特定・集中】

　事業主が仕入れた原料・材料・在庫品や売掛代金債権などの流動資産を包括的に担保にして、貸し手から事業の運転資金等の融資を得る方法方法を ABL（Asset Based Lending）と呼んでいる。一定範囲に特定された流動動産は、ある意味で「集合物」であるが、新陳代謝して中身が流動している。これが最終的に実行される前段階では、この流動はフリーズして「特定」の個別動産群・債権群に変化し、担保目的物として「集中」する。そこからの実行は、通常の執行手続に従うことになる。

第 4 節

財産の法 2——債権法

1 債権とは

（1）債権・債務の各種

　債権は、文字通り、「人」の「責」任を追及する権能で、「特定の人に対して特定の給付を要求しうる法的地位」を意味している。民法が定める債権の発生原因には、契約・事務管理・不当利得・不法行為がある。このうち、事務管理・不当利得・不法行為は、一定の要件を満たせば法律上当然に発生して、その内容も法律で定まっている。たとえば、事務管理から費用償還請求権が、不当利得からは利得償還請求権が、不法行為からは損害賠償請求権が、それぞれ発生する（法定債権債務関係）。これに対し、契約は、当事者の意思で約束したことに由来して債権を発生させる（約定債権債務関係）。それだけに契約解釈による債務内容の確定作業が重要な課題となる。

（2）債権・債務の分類

　債権の種類や分類は、その目的とするところによって、さまざま

に行われている。

主たる給付義務・付随義務　　債権の内容に関して、主たる給付義務・付随義務の分類が論じられることがある。債務では、中心となる目的物の引渡しや給付の履行が主たる給付義務の内容であるが、これに限られず、付随的な義務（説明義務・情報提供義務・助言義務、契約交渉段階の注意義務、安全配慮義務、損害軽減義務、再交渉義務など）、さまざまな周辺的義務が信義則を背景に生み出されている。法律効果との関係では、給付義務の違反には解除権の発生が連動させられることが多い。

　契約関係の「前後左右」に債務内容は拡がりを見せている。

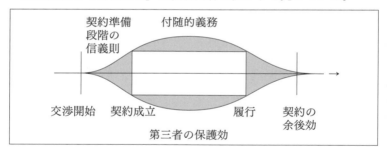

与える債務・なす債務　　内容による分類としては、与える債務［Ex. 物の売買］（引渡債務）・なす債務［Ex. 診療契約］（行為債務）が、重要で、何が債務の不履行に当たるかの不履行判断の仕方、債務の履行を強制する方法等に違いを生じる（「なす債務」は現実履行の強制よりも、代替執行や間接強制が相応しい場合が多い）。

結果債務・手段債務　似たような分類で、結果債務［売買・請負］・手段債務［診療など］では、とりわけ、不履行の立証対象が異なる点に留意すべきである。

他のさまざまな債務　さらに、階層的にみると、大きく作為・不作為の債務の分類が可能で、作為は、引渡債務・行為債務に分けられよう。さらに、引渡債務は金銭債権（利息債権を含む）と非金銭債権に分けることができ、非金銭債権には特定物債権・種類債権（不特定物債権）があり種類債権の特殊な形態として制限種類債権や選択債権がある。特定物債権や制限種類債権になると履行の不能を観念することが可能であり、種類債権や金銭債権（究極の種類債権）では不能を観念できない。種類債権や選択債権では、特定や選択によって、債務者を再調達義務から解放することが制度的に考案されている。金銭債権＜種類債権＜制限種類債権・選択債権＜特定物債権の順で、給付内容の特定性が高まり、履行の不能に関する考え方が異なる。なお、学理上は、「責任なき債務」や「自然債務」といった分類も存在している。

【一口メモ：カフェー丸玉女給事件と自然債務】

大判昭和 10・4・25（新聞 3835 号 5 頁）

昭和初期、大阪道頓堀の「カフェー」丸玉で客が女給 A の歓心を買うために、独立資金贈与の約束をした事件がこれである。大審院は、「任意に履行すれば有効となるが、履行の強制はできない特殊の債務関係である」と判断し、原審を破棄・差戻しとした（自然債務または責任なき債務というべきか）。確かに、この女給と客の

約束は、ただの「心裡留保」（冗談のたぐい）ではない。しかし、法的拘束力のある贈与契約としては不完全な効力しかないと判断されたところがみそである。「こんな約束を真に受けるやつがあるか」、というわけである。しかし、この女給は、ただの口約束に終わらせず、「準消費貸借契約（588条参照）」に相当する「借用書」を書かせていた（すごい！）。差戻審は、「大審院なにするものぞ」と契約の「成立」を詳細の認定の上、証書面の金額の支払いを命ずる判決を下した。まさに、有効な資金提供の贈与の口約束から、金銭消費貸借となって、準消費貸借契約を構成した。

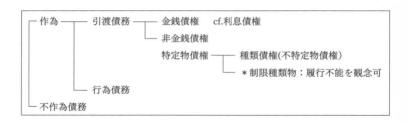

（3）履行の仕方に着目すると

持参債務・取立債務・送付債務

今ひとつの分類は、持参債務・取立債務・送付債務であり、これまた特定や危険移転との関係で、債務者がどれだけのことをすればよいかを考える際に意味がある。

以上のような分類は、債権の処遇をめぐって、それが一筋縄ではいかないことを示しており、当事者の意思解釈を中心にしながらも、それぞれの債権・債務関係において、何が約束され、いかに実

行に移すことが望ましいかを具体的問題類型に即して検討すること
が求められている。

2　債権総則編の内容概観　　● 　 ● 　 ●

　債権総則は、一定給付をめぐる請求（＝債権）のあり方、権利の
保全や実現に関するきわめて理論的な体系の産物、論理的構築物で
ある。債権総則編は5つの章に分かれ、順に、債権の目的・債権
の効力・多数当事者の債権・債権の譲渡・債権の消滅となる（債
権の主体は、権利主体の「人」であるから民法総則に委ねられている）。
全体として、権利（各種の債権的請求権）の実現に向けた規定が用
意されていると言ってよい。条文数も多く、この章だけで122ヶ
条ある。

　　　　　　　　　　　　　　　もっとも、第1の「債権の目的」につい
　`債権の目的（Object）`　　て言えば、債権には排他性がなく、契約
や不法行為など種々の原因から発生し、しかも契約では当事者が比
較的自由に内容を決定できるわけであるから、「目的（object）」と
いっても網羅的にあげられているわけでなく、目的が特定物の引渡
しである場合（特定物債権）、一定の種類によって指示された物（種
類債権）である場合、一定額の金銭などである場合（金銭債権）の
通則を掲げるに過ぎない。その実際上の意味は、債権が履行不能に
なった場合や実現に係る危険支配についての考え方、および債務者
が弁済をする際の内容および方法についての、一つの標準を示すと
ころにある。現実の紛争解決にとっては、契約解釈などを通じた債
務内容の確定が、決定的に重要である。

債権の効力　第 2 の「債権の効力」では、債務者が債務を任意に履行（＝弁済）しない場合に、債権者が取得する現実履行の請求権（414 条）を中核として、不履行の場合の損害賠償請求権（415 条）、そして、債務者の一般財産が減少して履行が危ぶまれる場合に債権者が債権保全のために行使できる二つの権能（債権者代位権・債権者取消権［詐害行為取消権］）が主要な内容をなしている。前者は、時効消滅しそうな債権を放りっぱなしにしている場合のように、債務者がなすべきことをしない場合に債権者が債務者に代わって行うものである。後者は債務者がなした不適切な財産逸出行為を取り消すというもので、いずれも個人の財産処分の自由と緊張関係にある。さらに、そこでは、代位行使されたり、取り消された行為の相手方が登場するわけであるから、その第三者の保護も必要になる。そればかりか、他の債権者との関係で、代位債権者や取消債権者の「ひとり勝ち」にならないような効果を考えておかねばならない。本来、債権の相対効からすれば、例外的権能ではあるが、債務者が無資力である場合に限定されない前々主への登記請求の場面など、債権者代位の「転用」も認められている。

多数当事者の債権　第 3 の「多数当事者の債権」は、形式的に、当事者が複数である場合の種々の債権債務関係をまとめて規定したものであるが、そこに含まれる連帯債務と保証債務は、債権の担保として重要な作用を営み、担保法と密接な関係に立つものである。

　他方、不可分債権・債務や分割債権・債務などは、債権の目的である給付が可分か不可分かといった形式的基準で分類された債権の

態様で、履行のあり方にとっては意味があるが、債権の担保との関連での意義はあまりない。

債権の譲渡と債務引受 第4の「債権の譲渡」は、債権というものが、それ自体一個の「財貨」として取引の目的となることを規定するもので、そうなると債権自体の効力よりも、物に関する物権変動とパラレルに、その公示や対抗関係が問題となる。債権の譲渡性を認めたのは、法鎖としての債権が取引の流通に置かれることを意味しているわけで、歴史的には債務者保護の観点からも重要な規定である。譲渡される債権には第三債務者がいることが、対抗要件として、この者に対する通知や承諾に特別な意味を持たせている（467条）。現代社会では債権の担保化や流動化が進み、きわめて動きの激しい領域となっている。ちなみに、民法は、債権者の変更である債権譲渡のみを規定し、債務者の変更である債務引受や契約上の地位の移転・契約引受などについては規定を置いていなかったが、2017年改正後には、新たに、債務引受けに関する規定が設けられた。そこでは、債務者自身が元の関係に残る**併存的債務引受**と、債務者が元の関係から抜け出すことを認めた**免責的債務引受**が並んでいる。免責的債務引受によって、弁済に応じた新たな債務者は、元の債務者に対して求償権を行使できなくなるので注意が必要である（472条以下）。

債権譲渡特例法 債権の譲渡性が広く行われるようになると、とくに小口債権を多数持っている信用機関などでは、いちいち対抗要件を備える手間や費用をきらって、一括し

た債権譲渡の可能性を求めるようになった。その結果、1998 年に動産・債権 譲 渡登記ファイルを使って、第三者に対する対抗要件を具備できる「動産及び債権の譲渡の対抗要件に関する民法の特例等に関する法律（動産債権譲渡特例法）」の制定を見た。これによって、動産や債権の流動性と対抗要件具備の在り方は、大きく変化した。この場合、債務者に対して債権譲渡等を主張するには、動産・債権譲渡登記の内容を記載した登記事項証明書を債務者に交付するか、債務者の承諾を得なければならないとされている。

債権の消滅　　　最後の「債権の消滅」は、文字通り債権の消滅原因を規定したものであって、ノーマルな債務の履行である「弁済」を中心に、その内容・方法（475 条～ 477 条、481 条～ 498 条）、債務者以外の者による弁済とその効果（474 条、499 条～ 504 条）、債権者でない者への弁済の効果（478 条～ 480 条）などについて規定する。また、債権は、弁済以外にも相殺・更改・免除・混同によっても消滅するので、これらについても規定が並んでいる。債権の時効消滅に関しては、総則の時効のところに規定がある。

【一口メモ：債権の準占有者に対する弁済】

　受領権限のない者に対する弁済は、本来なら無効のはずであるが、弁済者が善意・無過失であれば、弁済として有効とされ、債権は消滅し、その反面で新の債権者は債権を失うことになる。債権者としては、弁済受 領 者に対して不当利得の返還または不法行為を理由とする損害賠償を請求するほかない。債権の 準 占有者は、新

法では「受領者としての外観を有する者」と表現されており、弁済をしたのももっともだと思われる場面を意味している。債務者としては、請求されて弁済をしないでグズグズしていると、債務の不履行（履行遅滞）の責任を問われるだけに、請求に応じざるを得ない場合があるからである。ここでも、表見法理が働いている。

3　債権の保全・実現　● ● ●

　債権の目的・効力・消滅の多くは契約との関連で説明した方がよいと思われるため、ここでは残された債権に共通ルールの中から、債権の担保に関わる連帯債務と保証、責任財産の保全にかかわる制度、債権の移転にかかわる制度、そして債権の消滅から相殺の担保的機能等について簡単に説明する。いずれも、以下の議論の基礎には、原則として金銭消費貸借契約上の債権や代金債権のような金銭債権を念頭に置いている。

（1）保証・多数当事者の債権など
1）保証・連帯保証

保　　証

　保証は、債務者（「主たる債務者」という）の債務を担保するもので、保証人となる者と債権者の間での「保証契約」によって成立する（446条）。通常の契約は口頭でも成立する諾成契約であるが、保証契約は、書面で行われるべき要式の片務・無償契約である（446条2項、3項）。保証人となるのは、多くの場合債務者の委託を受けたためであるが、法律的には債務者に頼まれないで、債権者との間だけで保証契約を締結することも可能であるし、場合によっては債務者が欲しないときでも保証人となる

ことができる。

通常保証人の権能　主たる債務者の委託の有無は保証契約の成立には無関係であり、保証債務弁済後の求償権の範囲に影響を与えるにとどまる（459条以下）。普通の保証人は、主たる債務者が弁済をしない場合に補充的に弁済義務を負うものであるから（保証債務の補充性・附従性）、債権者がいきなり保証人に対して請求した場合は、これに対して「先ず主たる債務者に請求（＝催告）せよ」と主張できる（催告の抗弁権：452条）。さらに、債権者が債務者に催告した後でも、保証人が、主たる債務者が執行の容易な財産をもっていることを証明すれば、債権者は、先ず主たる債務者の財産に対して強制執行した後でなければ、保証人に対して請求することができない（453条：検索の抗弁権）。

連帯保証人　しかし、「連帯保証人」となった場合は、この二つの抗弁権がないため、たとえ主たる債務者に十分な資力がある場合でも、債権者がこれに請求しないで連帯保証人に請求するときも、これに応じて弁済しなければならない（455条）。つまり連帯保証人となる者は、主たる債務者と同様に、いつ債権者から執行を受けるかもしれないことを覚悟していなければならないわけである（454条）。なお、保証人が数人ある場合、普通の保証であれば、各保証人は債務の全額を保証人の数で頭割りした額で責任を負うに過ぎないが（「分別の利益」という）、連帯保証の場合は、各連帯保証人はこの分別の利益を受けず、全額を弁済する義務を負う（456条）。

【一口メモ：「分別の利益」と奨学金返済問題】

　通常の保証の場合、保証人が自身のみ（1人）であれば、借りた人が払うべき金額を、全額支払わなければならない。しかし、保証人が複数いる場合、借りた人が払うべき金額を、その頭数で按分した額のみ支払えばよい。最近、日本学生支援機構で、連帯保証人として父または母を、通常の保証人として4親等以内の親族を契約するケースで問題を生じた。例えば、200万円の奨学金について、叔父が通常の保証人になったが、何らかの事情で、本人及び連帯保証人である父が支払困難になった。そうすると、通常保証人である叔父は他にも保証人（父）がいるので、200万円を頭数で割った2分の1、すなわち100万円だけ支払うことを主張できる（分別の利益がある）。ところが、機構側は、このような叔父の利益を積極的に伝えず、漫然と全額の返還を要求していた。そして、「分別の利益」という自らの利益を知らなかった多くの保証人が全額の支払いに応じていた。弁護士等に相談した保証人が、「分別の利益」を主張した場合は、減額に応じていたらしく、機構もこの点を認識して全額の返還請求をしていたという。公的な機関としては、かなり問題のある債権回収の態様であった。

保証人の求償権

　保証人が債務者のために弁済した場合、その弁済額とそれ以後の利息を主たる債務者に求償できる。この点は、連帯保証人の場合も同様である（459条〜465条）。その場合、もし主たる債務者が債権者に対して別に担保を提供しているとき、保証人は、自己の求償権に基づいて自ら担保を実行することもできる。保証人は、担保があるからといってそ

の実行が困難なものである場合、債権者にまず担保権を実行してから自分に請求せよとはいえない。そこで、かかる保証人の立場を救うために、保証人は先ず保証債務を弁済しなければならないが、弁済後は、求償のために自らその担保を実行して求償を受けることができるものとした。このように、債務者に代わって弁済した者が、求償のために債権者になり代わりその担保権を実行することを「弁済による代位（代位弁済）」などと呼ぶ。本来、主たる債務が弁済によって消滅すればその担保権は消滅するはずであるが（担保権の附従性）、ここでは求償権の確保のために、法律上、債権者の有していた債権者としての地位が移転している形になる。代位弁済は、保証人や物上保証人が多数ある場合には、相互の最終的な求償や負担関係がきわめて複雑なものとなるため、民法にはこの点に関する詳細な規定が用意されている（499 条〜 504 条）。

2）連帯債務

連帯債務とは 連帯債務とは、一人の債権者に対して多数の債務者が同一内容の債務を負担し、債権者はその債権全額の弁済を受けるまで、債務者中の任意の者に対して、全額にいたるまでの請求をすることができるという関係にある（432条）。考えてみると、一つの債務の最終的引き当てとなる責任財産が連帯債務者の人数分だけ増加しているわけであるから、連帯債務は債権担保の機能を果たしている。その意味では連帯保証に似ているが、連帯保証はあくまで保証の一種であって、主たる債務に対して附従性を持つ。しかし、連帯債務ではそれぞれが独自の主債務を負っている点で異なる。したがって連帯債務者の一人につき、その契約に無効原因があったり、取消原因があって取り消されて、連

帯債務者から脱落するようなことがあっても、他の者は依然として全額についての連帯債務関係に立つ（433条）。連帯債務は、数人で一つの不動産を購入した場合の代金債務や、数人で事業をするために一定資金の借入れをする場合のように、連帯債務者と債権者の間での契約によって成立するのが通常であるが、多数の債務者との間での共同責任を認める必要がある場合は、法律上当然に連帯債務関係が発生することもある。商法その他の特別法に例が多いが、民法でも、たとえば共同して他人に損害を加えたような場合（共同不法行為）には、その共同不法行為者は連帯して損害賠償責任を負うものと定められている（719条参照）。

【一口メモ：グループ貸し】

　サラ金問題の一つとして、個人では返済が困難な借り手を数人集めて、グループ全体に、合計金額を貸し付け、債権回収が困難となるリスクを分散する手法が採られた。これを「グループ貸し」という。このような担保のとり方は、公序良俗違反となりうる。

連帯債務の効力　　連帯債務の各債務者は、債権者にそれぞれ全額を給付する債務を負うが、弁済・履行の請求・更改・相殺・債務免除・混同・時効の完成が連帯債務者の一人に生じると、他の債務者についてもその効力が及ぶ（434条〜439条：絶対的効力）。それ以外の効力は、各債権者につき相対的に生じる（440条）。もっとも、共同不法行為の場合は、弁済を除いて債務者の一人に生じた事由（たとえば時効の完成や免除）が他の債務者に効力を及ぼすことが被害者保護の観点から適当でない場合が

ありうることから、絶対的効力が制限され、これを「不真正連帯」
などと呼んでいる。

連帯債務者の負担部分 連帯債務では、債権者に対する関係で
各債務者が債務全額を履行する義務を
負うが、債務者相互間では、それぞれ内部的な負担割合に応じた義
務を負担すればよい。したがって、連帯債務者の一人が弁済などに
よって共同の免責を得た場合は、他の債務者に対して各々の負担部
分について 求 償 権を取得する（442 条）。負担部分の割合について
特約がない場合は、各自平等と解されている。このことは、共同保
証人間の求償にも妥当する（465 条）。

連帯の免除 債権者は、連帯債務の「連帯の免除」をすること
も可能である。たとえば、G に対して ABC が 900
万円の連帯債務を負っている場合、G が各債務者に全額請求できる
権利を放棄し、それぞれの負担部分についてだけ請求できることと
するような意思表示がこれで、一種の債務免除である。G がすべて
の連帯債務者に連帯の免除をすれば、連帯債務は分割され、各自
300 万円の債務（分割債務）となり、ABC 間の求償権も発生しな
い。しかし、G が A に対してのみ連帯の免除をすると、A は 300
万円の債務で済むが、BC は依然として全額 900 万円について連帯
債務を負い、B 又は C が全額の弁済すると他の負担部分について
求償権が残ってしまう（各 300 万円）。細かい話であるが、この場
合、C が無資力であると、A が連帯の免除を受けていなければ、A
と B は並んで 450 万円を負担しなければならなかったはずである

が（444条）、民法は、連帯の免除を受けた負担部分以上の負担を負わないよう、免除したGがAの負担部分を超える150万円を負担するものとしていた（旧445条）。立法論としては異論もあり、新法では、この規定が削除され、連帯債務者中に無資力者が居る場合の求償ルール（新444条）に従って処理されることとした（新445条）。

3）可分債権・不可分債権

　民法には、連帯債務と保証債務の他に、可分（かぶん）・不可分（ふかぶん）の債権・債務を認め、かなり詳細な規定を用意している。不可分債権においては、債務者は多数の債権者のうち任意の誰に弁済してもよく、不可分債務の場合には、債権者はあたかも連帯債務者に対するように、多数の債務者のうちの任意の一人から全部の請求ができることにしている（428条〜431条）。可分債権や可分債務では、原則として、その頭数に応じた債権・債務の関係を成立させようとしている点には注意が必要で（427条）、共同購入（きょうどうこうにゅう）などの場合、ときに「連帯の合意」の認定が必要となる局面がある。

（2）責任財産（せきにんざいさん）の保全（ほぜん）

危機時における債権保全

　債権者Gが債務者Sに100万円の支払いを請求する債権を有しているとして、何も物的担保を持っていない場合を想定しよう。GはSが債務の履行をしない場合、債務名義（さいむめいぎ）を得てSの財産（たとえば土地）を差し押さえ、これに強制執行をかけ、その競売代金から債権の満足を得る。ところが、Sに対してGと同じような債権者がいる場合、Gとそれらの債権者は平等な立場で（額の大小や債権発生の前後

によって優劣を付けずに）競売代金から各債権者の債権額に按分した配当を受ける（これを債権者平等の原則という）。しかし、これではGは充分な弁済を受けられないおそれがある。そこで、Gとしては、他の債権者に優先して自己の債権の満足を受ける方法を希望することになり、その要請に応えるのが抵当権などの物的担保である。それにしてもSの財産が全体として少ない場合は、債権を保全して確実に回収をはかるため、場合によってはSの財産権の行使・不行使に対して干渉することが必要になる。私的自治の観点からすると、債務者といえども自己の財産管理は原則として自由になし得るのでなければならないから、このような干渉は厳格な手続の下でなされねばならない（破産手続がこれである）。しかし、ある程度まで危機時の債権保全の必要性を認め、場合によっては、Sに入るべき財産を入らせ、Sから逸出した財産を取り戻す権能を債権者に与える。これが債権者代位権（423条）と債権者取消権（424条）である。

債権者代位権　債権者代位権は、債務者Sが権利を有しながらそれを「行使しない」場合、債権保全の必要上、債権者GがSに代わって権利行使することを認める制度である（423条。一身専属的な権利は駄目である）。たとえば、Sが第三債務者Dに動産引渡請求権を有しているが、引渡しを受けても差し押さえられて競売されるだけと考えてDに請求しないでいる場合、GはSに代わって（代位して）Dに引渡しを請求できる。時効が完成しそうなのにSが何ら中断（更新）措置をとらない場合、GがSに代位して時効の完成を阻止するのも同じである。ただ、この場合

にGがSに代位するには、Gの債権（被保全債権）の回収が危ぶまれること、言い換えれば、Sの無資力（Sの資力が債務を弁済するのに不足していること）を要件とすべきであると解されている。もっとも、債権者代位は、金銭債権を被保全債権とする場合だけでなく、不動産買主が自己の移転登記請求権を保全するために前々主の下にある登記を前主の下に移したり（大判明治43・7・6民録16輯537頁）、建物賃借人が不法占拠者を追い出すために建物賃貸人（建物所有者）の妨害排除・明渡請求権を代位行使するような場合（大判昭和4・12・16民集8巻944頁）にも認められており（債権者代位の転用）、そのような特定債権の保全の場合は、必ずしも無資力要件は必要とされていない。交通事故の被害者から、加害者に代位して保険会社に保険金請求するような場合も、無資力要件は不要であろう（但し、最判昭和49・11・29民集28巻8号167頁は、無資力要件を必要とした）。こうなると、債権者代位権は全債権者のために責任財産の保全を図るという以上に、特定債権者の簡易な債権回収手段としても機能しているといえよう。

債権者取消権　債権者取消権（詐害行為取消権）は、債務者のした財産減少行為（詐害行為）を取り消す権利である（424条〜426条）。債権者代位権の場合に比して債務者の行動に対する強い干渉となる。そのため、要件も厳格で、行使も裁判上でなければならず（「裁判所に請求することができる」）、歴史的には訴権（actio）の一つであった。

　たとえば、Gに100万円の債務を負う債務者Sが、ほとんど唯一の財産である甲不動産をAに贈与したとしよう。他に財産があ

ればＧは何ら影響を受けないが、この贈与によって債権回収ができなくなるほど資力が低下した場合には、Ｇは自己の債権を保全するため、Ｓからいったん逸出した財産（甲不動産）をＡから取り戻す必要がある。そこで、Ｇは裁判所に請求して債権者取消権を行使し、SA間の贈与契約を取消し、甲不動産をＳに復帰させることになる。この場合、詐害行為の時にＡもまたＧを害すべき事実を知っていなければならない（但し転得者が善意のときは、受益者から利得を返還させる）。詐害行為取消の効果は相対的とされ、訴訟で当事者となった債権者と受益者又は転得者との間でのみ取消しの効果を生ずるというのが判例であったが（相対効）、新法で「認容判決の効力は債務者ならびに全ての債権者に及ぶ」こととされた（新425条）。抜け駆け的弁済や贈与金が訴訟の目的となっているような場合、取消債権者は自分への引渡しを求めることができる（結果的に優先弁済を受ける）など、その運用については議論が多く、2017年改正で細かな規定が追加された（424条の2〜424条の9）。

（3）債権の移転

債権の移転の意味　債権の移転は、弁済による債権の実現や担保の処遇と深く関わる。たとえば、ＢがＡに対して一定の債務を負っている場合に、ＢがＣに対して有している債権でこれを弁済しようとする場合を想定されたい。売買代金などの金銭債務を、債権者の承諾を得て、代わりの不動産などで弁済する代物弁済が認められているから（482条）、自己の債務を別の債権で弁済することも可能である。なるほど、一つの債務を内容の違う別の債務に切り替える「更改」（513条以下）という方法を用い

て、ABC の 3 人で相談して、C の B に対する債務を消滅させつ
つ、A が同一内容の債権を C に対して取得することにしたり（債権
者の交替による更改：515条）、C が A に対して B と同一内容の債務
を負担することにする（債務者の交替による更改：514条）のも可能
である。ただ、更改では、前の債権が消滅して新しい債権が成立す
るという建前であるから、前の債権に伴っていた担保などは原則と
して新しい債権に随伴しない。そこで、しばしば利用されるのが、
債権の同一性を失わない債権の譲渡や債務の引受けである。このほ
か、弁済期到来前の債権を譲渡して現金化する、債権を担保に融資
を受ける、債権取り立てのために譲渡するなど、債権の利用の仕方
は多様であり、流通性の保障への要請は大きい。

1）債権譲渡

債権は譲渡できる

債権譲渡は、売買（贈与・交換もありうる）
の目的物を「債権」としたと考えればよい。
通常の物の売買と異なり、当該債権について第三の債務者がいるわ
けであるから、その点に注意する必要がある。古くは、債権は特定
債権者と特定債務者をつなぐ「法の鎖」として、その譲渡性が否
定されていた。しかし人的な結合や個性が薄れて財産的価値が中心
を占めるようになると、その性質の許す限り、当事者の意思に従っ
て、広く譲渡性が認められるようになった（466条）。その点で466
条は、歴史的には大きな意味を持つ規定である。

債権譲渡の対抗要件

AB 間の債権譲渡においては、売主たる債
権者 A から第三債務者 C に対して、その
債権を譲渡した旨の通知をするか、もしくは、その譲渡について C

の承諾を得なければ、買主 B はその債権を取得したことを、C に
も他の第三者にも対抗することができない（467 条 1 項）。とくに C
以外の者に対抗するには、この通知に確定日付が必要となる（467
条 2 項）。どちらが先に債権を譲渡したかを明確にするためである。
譲渡の通知には、しばしば内容証明郵便などが用いられる。債務
者 C をいわば情報センターとして、債権が譲渡されたことを公示
するわけである。注意すべきは、債務者が異議をとどめないで承諾
した場合に、それまで旧債権者に対して有していた対抗事由を対抗
できなくなる点である（468 条）。なお、1992 年の特定債権法（平
成 4 年法 77 号）は、リース債権・クレジット債権などの小口債権
（特定債権と呼ばれる）の譲渡について、一定要件を充たす場合新聞
などへの「公告」をもって確定日付ある通知とみなすものとした
（特債法 7 条）。今日では、この特定債権法のスキームを一般化し
て、法人が金銭の支払いを目的とする多数の債権をより簡便に譲渡
するため、債務者への通知に代えて、指定法務局の債権譲渡登記
ファイル（磁気ディスクで調製される）に譲渡登記をすることで、債
務者への確定日付ある通知に代えることができるようになった（動
産及び債権の譲渡の対抗要件に関する民法の特例に関する法律［平成 10
年法 104 号］：動産債権譲渡特例法）。さらに、現在では、多角的な
債権譲渡と相殺の組み合わせによる総合的な決済システムが展開し
ている。

【一口メモ：債権の各種】

　ここで「債権」の売買というのは、預金債権・貸金債権・売買代
金債権といった普通の債権（指名債権）の取引であるが、債権に

は、このほかにも手形小切手のような「指図債権」、商品券のような「無記名債権」のように証券となって流通するもの（証券的債権）があり、実際に頻繁に取引目的となるのは、これらの証券的債権や株券のように財産権を表章した有価証券である。詳しくは商法と関連させて学ぶべきである（商法516条2項〜519条のほか手形法・小切手法、倉庫証券・貨物証券・船荷証券に関する商法諸規定、参照）。指図債権の譲渡は、裏書・交付によってなされ（469条）、無記名債権の譲渡は証券の引渡しによって行われる（86条3項、178条参照）。

　債権の商品化・流動化は、その担保化も推し進めた。融資を受ける際に、債権を譲渡して現金を得るだけでなく、債権を担保にして融資を得ることもできる。現在では、ある程度特定された集合債権や、一定の将来債権をまとめて担保に供すること（集合将来債権譲渡担保）が行われている（最判平成12・4・21民集54巻4号1562頁参照）。こうした人の将来の活動に対する支配が推し進められる状況は、新たな市場の組織化に通ずるものである。

2）債務の引受け

　債務の引受けは、新旧両債務者と債権者との契約（旧債務者の意思に反しないことが条件である）によって行われ得るだけでなく、債権者の承諾を条件として新旧両債務者の間でもこれをすることができると解されている。「第三者のためにする契約」（537条）と同じ趣旨を含むからである。実質的には旧債務を第三者弁済（474条）によって消滅させることを約することにも近い。債務引受で旧債務者が債権者との関係で債務を消滅させるものを免責的債務引受、旧

債務者もなお債務者にとどまるものを**併存的債務引受**ということは
既に学んだ。免責的債務引受は債務者が交替するわけであるから、
債権者にとっては重大な利害に関わるため、その承諾が必要であ
る。しかし併存的債務引受の方は、債権者の利益となるだけである
から、両債務者だけの合意でも成立させてよい。機能としては結果
的に連帯債務者が加わったようなものである（最判昭和 41・12・20
民集 20 巻 10 号 2139 頁）。なお、流通過程の契約連鎖、建築請負に
おける下請け、クレジット契約での立替払いなども、債務引受的な
要素を持つが、これらは複合的取引関係・契約結合の問題として、
さらに検討が必要である。

契約上の地位の譲渡　　「契約上の地位の譲渡」は、債権譲渡と債
務引受の複合である。債務を伴う地位の
譲渡契約には、債権者の承諾がなければ債権者に対して効力を生じ
ないのを原則とする（最判昭和 30・9・29 民集 9 巻 10 号 1472 頁）。
ただ、賃貸借の目的となっている土地の所有者がその所有権ととも
に賃貸人としての地位を他に譲渡することは、確かに賃貸人の義務
の移転を伴うが、ここでは、特段の事情がない限り賃借人の承諾を
必要とせず、新旧所有者間の契約ですることができるとされている
（最判昭和 46・4・23 民集 25 巻 3 号 388 頁）。物の利用状態を甘受す
るという比較的消極的な債務（状態債務）と考えられるからであ
る。

（4）相殺の機能

相殺は、二人が互いに同種の目的を有する債務を負担する場合

に、双方の債務が弁済期にあるとき（これを「相殺適状」という）、債務の性質がこれを許す限り、意思表示によって各債務者がその債務を対等額で消滅させるもので（505条）、簡易な決済手段としてよく利用される。たとえば、XがY銀行に1千万円の預金を預けているとき、YがXに貸付をしても、預金額の限度では相殺をして債権を回収することができる。もちろん、相殺に適した状況（相殺適状）を生じなければならないが、一定の信用不安を理由にXの期限の利益を喪失させ、Yの期限の利益を放棄することで、互いの債務を弁済期に持ち込むことができるなら、この問題は解決される。同時に、停止条件付の相殺予約をすることによって貸付債権の優先的回収が図られる。このとき、他の債権者が預金を差し押さえようとしても、相殺の効力が相殺適状の時まで遡及するため（506条）、差押えを空振りに終わらせることができるからである。銀行取引でしばしば見られるもので、その効力を無制限に認めてよいかについては議論がある。判例は、少なくとも銀行取引に関しては互いの債権の弁済期を問題とする制限説から無制限説へと変更されて今日に至っている（最判昭和39・12・23民集18巻10号2217頁→最判昭和45・6・24民集24巻6号587頁）。相殺への期待利益と銀行の実務慣行についての評価が結論を分けた。これによって、相殺の担保的機能はかなり安定したものになった。

相殺ができない場面　なお、不法行為により生じた債務（509条）、差押えを禁じられた債権は相殺に供することができず（510条）、支払いの差止めを受けた債権は事後に取得した債権による相殺をもって差押債権者に対抗できない

（511 条）。前二者は、被害者や特定債権者に現実の 給 付を得させる必要があり、後者は、差押命令を実効あらしめるためである。

【一口メモ：やられたら、やり返す？】

　旧 509 条は、不法行為に基づく損害賠 償 債権を受動債権とする相殺を一律に禁止していた。このような相殺を認めると、「やられたらやり返す」とばかりに、被害者からの新たな不法行為を誘発するおそれがあることが懸念され、また、不法行為の被害者に現実の弁済を受けさせて保護を図る必要があることが考えられていた。しかし、考えてみると、故意による不法行為の場合はともかく、過失による不法行為の場合には当てはまらないのではないか。また、人の生命・身体による損害賠償請求権については、不法行為の場合だけでなく債務不履行に基づく損害賠償請求権についても同様の配慮が必要であること、他方で、被害者から第三者が損害賠償請求権を譲り受けたときは被害者保護という観点があまり問題とならない。そこで、改正 509 条は、相殺が禁止される場合として「悪意による不法行為に基づく損害賠償の債務」（同条 1 号）及び、「人の生命・身体の侵害による損害賠償の債務」（同条 2 号）の二つを掲げ、しかも、これらの債権を他人から譲り受けたときは、相殺は禁止されないとした。

4 契 約 法　●　●　●

（1）契約の機能と法

1）契約の観念

約束守るべし

契約は、法的な効力・効果を持つ約束である。人は、契約を通じて様々な社会関係を形成して自己を実現し、法がこれを支援する。古くはローマのカノン法以来「約束守るべし（pacta sunt servanda）」という言葉がある。フランス民法1134条は、「適法に形成された合意は、それをなした者にとって法に代わる」とまで定める。契約は、「法」と化して当事者を拘束し、裁判所もまた、契約内容を法と同様に尊重して、その実現に努めることになる。ひとたび成立した契約は、新たな合意（合意解約）もしくは法律上の正当な理由（解除事由）がなければ解消できない（「契約の拘束力」という）。もちろん、契約の効力は、もっぱら当事者間において債権関係を発生させるものであるが（契約の相対効）、契約外の第三者もまた、契約関係の存在を尊重することが要請される。第三者が、契約内容の実現を意図的に妨害する場合は、不法行為の一種である債権侵害となり得る。

諾成契約

我々の日常生活はさまざまな「契約」によって支えられている。契約には、契約書に署名・捺印するという堅いイメージがつきまとっているが、民法上、方式を要求する契約はむしろまれで（保証契約など）、当事者の合意だけで成立するのが原則である（諾成契約という）。契約は、一定の法的効果をねらった複数の契約当事者間での意思表示の合致＝合意である。もっ

106

とも、法的効果の発生を目指した意思も、外部に現れないと相手に
伝わらないため、その「表示」を中心に契約が成立したのかどうか
を考えざるを得ない。最終的に相手の提案に無条件で承認するもの
を承諾の意思表示、その提案を申込の意思表示と呼ぶとすると、
「契約とは、『申込』と『承諾』という相対立する意思表示の合
致」と定義できる。

契約の自由とその制限　　しばしば私的自治の原則のコロラリー
として、契約自由の原則（契約の締結・
内容形成・方式の自由）が語られるが、これは自由主義的経済政策
に由来する。2017 年改正法は、契約締結および内容の自由、申込
みと承諾の意思表示の合致による契約の成立、そして、方式の自由
と諾成契約主義を正面から定めた（521 条、522 条）むしろ今日の契
約は、私的自治を基盤としつつも、多くの点で社会的規制に服して
いることに注意しなければならない。

| 締約強制 | また、電力供給契約やガス供給契約医療契約など生活必需の契約では、契約締結するか否かの自由さえ |

また、電力供給契約やガス供給契約医療契約など生活必需の契約では、契約締結するか否かの自由さえ存在しないことが多い（締約強制）。しかも、現代契約の「しくみ」は複雑で、取引目的物もよく理解できない場合が少なくない。

2）約款問題

| 希薄化された意思と約款 |

人々は、中心となる主要部分（核心的合意部分）だけ決めて、あとの付随的条件部分は事業者を信頼して契約していることが多い。事業者の予め作成した定型的契約条件（約款という）に無条件に従う附合契約もしばしば見受けられる。とくに事業者・消費者の間には、構造的な情報格差・交渉力格差も見られる。つまり、「契約」といっても、当事者がじっくりと熟慮と交渉の末に締結し、自己の責任で処理していく古典的契約ばかりでなく、定型化され、当事者の意思の関与が希薄なところで成立している場合が圧倒的に多くなり、その適正化が重要な課題となる。

| 改正民法の提携約款の問題点 |

改正民法は「定型約款」に関する規定群を創設したが（548条の2〜548条の4）、理論的にはすこぶる問題が多い。「定型取引」（特定の者が不特定多数の者を相手として行う画一的取引）において、定型約款を準備した者が、予め、その定型約款を契約の内容とする旨を相手方に示していたとき、その個別条項についても合意したものと看做される。その定型約款は、相手方からの請求があれば示さなければならない。しかし、せめて顧客が約款準備者に要求しないでも、事前に内容を読めるような状態に「開示」しておくことと、約

款の利用に対して、顧客側が包括的な同意を明示もしくは黙示に示していることが私的自治の観点から最低限必要であろう。内容の適正化については、548条の2第2項で、「条項のうち、相手方の権利を制限し、又は相手方の義務を加重する条項であって、その定型取引の態様及びその実情並びに取引上の社会通念に照らし第1条第2項に規定する基本原則［信義則］に反して相手方の利益を一方的に害すると認められるものについては、合意をしなかったものとみなす」と消費者契約法第10条の一般条項とよく似た内容を規定する。また、定型約款の変更についても規定がある（548条の3）。概して、消費者は「どうせ約款条項など読みはしない」という感覚と、「後で裁判官が契約内容を是正できれば良い」という安易な発想が看取できる規定となっているのは、残念である。改正民法最大の汚点である。

消費者契約　また、契約に向かう人々の心理を巧みに操作した欺瞞的手法や、心理的威圧を用いた勧誘方法も見られ、自由で独立した理性的個人による伝統的契約交渉を想定した契約法ばかりでなく、特殊な状況下を想定した契約法も必要となっている。ちなみに、民法が2017年改正で、いくぶん事業法化した現在、個人の選択権や意思決定の基盤や環境を整えようとする消費者契約法をはじめ、特定の業態に着目した特定商取引法のような消費者関連法には、これまで以上に注意が必要である。契約の問題を考える場合には、常に、いかなる人が、いかなる内容の契約を、いかなる状況の下で締結したのかを具体的に考えて、議論を進める必要がある。

（2）売買を中心とした契約の流れ

　民法の定める契約（典型契約・有名契約）には、大きく分けて財産権移転型のもの（贈与・売買・交換）、財産権利用型のもの（消費貸借・使用貸借・賃貸借）、労務提供型のもの（雇用・請負・委任・寄託）、その他のもの（組合・終身定期金・和解）の 13 種があるが、契約の種類はこれに限られず、倉庫・運送・宿泊などさまざまな内容と形態の契約が展開され得る（さらに商法や特別法でもカバーされていない無名契約もある）。そこに適用すべき規範を策定するためには、しばしば契約の法的性質決定が重要な問題となる。

　売買を念頭に　　以下では、主として、代表的な契約である有償での財産権移転を問題とする「売買」（555 条参照）を念頭に置いて、契約の成立から消滅までのプロセスを眺め、若干の関連規定の説明を行う。

【一口メモ：財産移転型契約】

　財産権移転型の契約には、売買のほか贈与・交換がある。「贈与」は無償で財産を与えるという諾成・片務・無償・不要式の契約である（549 条）。特に、書面によらない贈与は、履行の終わらない部分について撤回可能であること（550 条）、贈与の目的である物や権利にキズ（瑕疵）があった場合に、原則として責任を負わないことが重要である（551 条）。なお、負担を伴う贈与も可能であるが、その場合は、負担の限度で売買の売り主と同様の地位に立つものとされている（553 条）。なお、死因贈与は、遺贈に準ずる（554 条）。「交換」は、当事者が互いに金銭以外の財産権の移転を約する点で売買

と区別される（586条）。しかし、交換に関する特別な規定は民法にはなく。売買の規定が準用されているだけである（559条）。土地改良法による換地処分（同法97条）や交換分合（97条以下）に、その例を見ることができる。

契約の交渉から成立へ　契約は、申込と承諾の意思表示の合致（合意）によって「成立する」。何をもって「申込」とか「承諾」と考えるかは、表示された意思の「解釈」によって決せられる。誰と、どのような契約を、どのような方式でするかは、原則として、当事者の自由に任されているが、合意の要素となる「内容・目的」がある程度確定していること（確定性）、それが実現可能であること（可能性）、違法なものではないこと（適法性）は必要である。さもないと、国家がその合意の実現に助力しようにもできないからである。なお、申込と承諾は、明示的な言葉によって表現されるとは限らない。一定の行為の社会的意味が明らかであれば、指の動き一つでも取引が成立することもある。問題は、契約内容の確定度と、表示行為の中に最終的な契約締結意思を読みとれるかどうかによって左右される。つまり、契約がいつ成立するかは、優れて評価的問題であり、契約の効力発生ををめぐる状況判断にかかっている。

契約が成立するまで　いったん成立した契約は、双方に権利義務を発生させ、一定の解除事由がない限り一方的には破棄できないからである。「契約の成立」を語ることの意味は、売買契約の効果を不可逆的に発生させるべき時点（Point

111

of no-return）を探ることを意味すると言ってもよい。たとえば、売買契約の成立には、当事者の確定的な購入意思の表明と、これに承諾を与えた相手方の正当な信頼を保護するにはどうあるべきかを考えることが重要となる。無論、契約準備段階や交渉段階であるからといって、まったく法的にニュートラルではなく、最近では、信義則上、互いに相手方に対して無用の出費や損害を与えないよう配慮すべき義務を負うことが、判例で認められている。「契約類似の関係」あるいは「契約締結上の過失」という形で責任が論じられることもある。交渉が一定の段階に達すると、一般の不法行為とはやや性質を異にした、いわば「契約の塾度」に応じた責任が語られているわけである。

契約の成立要件 いま一つの重要な成立要件が、契約当事者の「能力」である。少なくとも法的効果をめざした意思を形成する能力（意思能力）があり、法的権利義務を担うに足りるだけの能力を持った者でなければ、完全に有効な契約はできない（これが「行為能力」である）。たとえば赤ん坊も、権利能力はあるから契約当事者になることはできるが、結局、保護者である親が代わって（代理して）契約するほかない。未成年者や、成年者でも病気などで正しい判断が期待できない場合（制限能力者）は、やはり保護機関である法定代理人の支援を必要とする（成年後見制度）。未成年者・制限能力者が法定代理人の同意を得ないで行った契約は、一定範囲で取り消すことができる。任意代理人が利用されているときには、適切な代理権と顕名が必要である。

隔地者の意思表示

すぐに返事ができない人（隔地者という）の間で契約する場合については、特別な規定がある。本来、意思表示は相手に到達して認識可能な状態にならないと意味がないため、原則として通知が到達したときに効力を生ずる（97条［到達主義］）。しかし、「契約」の意思表示に関しては、むしろ、すみやかな契約の成立のために、原則として、承諾通知を発したときに成立するものとしている（526条1項［発信主義］）。ただ、コンピュータ等の高度通信機器の利用が盛んになり、瞬時に通知が相手に届くようになった今日、むしろ原則に戻って、電子的意思表示は到達主義で処理されることとなっている（電子消費者契約法［平成13年法95号］4条）。但し、クーリング・オフの意思表示は、電子的表示の場合も、常に発信主義である。

いずれにせよ、こうして契約が成立することによって、売買の場合には、当事者に財産権の引渡請求権と代金請求権という履行請求権が、債権・債務の形で発生し、これが金銭と目的物所有権という物権移転を基礎づけることになる。

手付など

契約成立後も、一定の要件のもとで、そこから解放される場合がある。将来に本契約を締結することを約しつつ一定の「手付金」を払っている場合は、原則として「解約手付」と解され、相手が履行に着手するまでは、手付金を放棄することでいつでも契約を解除でき、逆に、相手も手付金の倍額を返還することで契約解除できる（民法557条）。「内金」名目で金銭が交付されている場合も同様と解される。予約も、ある種の契約であるが、手付金の授受によって、本格的拘束関係に入る前に一定範囲で

解除できる旨の条件が付されていると考えるわけである。「解約手付」は、民法典では売買の予約に関して規定されているが、原則としてすべての対価を伴う契約(有償契約)に準用されるため(559条)、不動産賃貸借契約や建物建築請負契約などの場面でも同様の結果になる。

クーリング・オフ　いまひとつは、「クーリング・オフ権」であり、一定状況下の取引や取引目定に関して、一定期間は顧客が無条件で申込みの撤回もしくは契約を解除できるというものである。特に、非店舗取引等においては、事業者による強引な勧誘に押し切られて契約の申込みや承諾をした顧客を守るべく、もう一度熟慮して契約を維持するかどうかを考え直す期間を確保している(特定商取引法 9 条など)。クーリング・オフは、いわあば脆弱な消費者の意思決定を守るために、『時間という名の後見人』が付されたようなものである(河上「『クーリング・オフ』についての一考察」法学 60 巻 6 号 1178 頁[1997 年])。クーリング・オフ権行使の意思表示は常に発信主義である。

契約の有効・無効　どんな契約でも、ひとたび成立すれば当事者を拘束し、国家に内容の実現に助力してもらえるとは限らない。契約が、「有効である」といえるには、一定の条件(有効要件・効力要件という)を満たしていなければならない。前述の目的物の確定性・可能性・適法性は、契約の有効・無効を左右する重要な要素である。不確定・不可能な給付を裁判所が当事者に強制することはできないからである。契約内容の適法性に

ついては、多言を要しない。当事者が真剣に合意しても麻薬売買や保険金目当ての殺人契約、売春契約に契約としての効力を認め、国家がその実現に協力するわけにいかない。契約自由の最外部に限界をおく法的根拠の代表は公序良俗違反（90条）である。契約内容が適法かどうかの判断基準は多様であるが、判例では、①人倫に反するもの（愛人契約）、②正義の観念に反するもの（談合契約）、③不当な利益追求や暴利行為、④個人の自由を極度に制限するもの（人身売買）、いちじるしく射倖的なもの（賭博契約）などは、無効となる。このほか、民法典に含まれた個別の強行規定（572条など）以外にも、特別法で一定の合意内容の効力が否定される場合が少なくない（利息制限法、借地借家法、消費者契約法など）。

行政取締規定　なお、行政取締法規は、一般には、契約の有効・無効に直接は影響しないといわれる。しかし、私人間での一方当事者の利益保護を目的として定められた取締規定に反する合意は、その効力を制限することが適当な場合も多い。また、契約が不適法で無効である場合に、その効力が生じないことはいうまでもないが、「悪徳商法」のように、契約が一方的な違法性を帯びているときは、契約を締結させられたこと自体が「損害」と観念され、事業者の不法行為（709条）として損害賠償責任が導かれうる。また、表面上は、意思表示の合致があるように見えても、実際には、当事者にこれに対応する真意が備わっていない場合（錯誤がその典型）や意思の形成過程にキズがある場合（詐欺や強迫による場合）には、結果的に契約は効力を否定されることは既に述べた（95条、96条参照）。「無効である」といっても、誰からで

も、誰に対しても、はじめから、いつまでも主張できる、絶対的な無効もあれば（殺人契約など）、特定の者から、特定の者に対して、一定期間に限って主張できる相対的なものもあるので、効果は一様でない。新法下の錯誤や詐欺・強迫などでは、まずは有効な契約が後から取り消されて、「遡って無効になる」に過ぎない。

契約の「方式」の履践　契約自由の原則には「方式からの自由」も含まれる（522条）。したがって、契約は原則として不要式で、通常、契約書の作成などは契約成立の立証手段にとどまる（口約束でも契約は有効に成立しうる［諾成契約］）。しかし、例外的に、単純な合意以外の特別の方式を法が要求している場合は、これを満たしていること（要式性・要物性など）が必要である。民法には現実に目的物が移動していないと契約が有効に成立しない契約として消費貸借（587条）、使用貸借（593条）、寄託契約（657条）があり、目的物の引渡しが行われて初めて契約の成立が認められる。それらは、契約の主たる効果が受け取った目的物の将来の返還義務の発生であることからの論理的帰結でもあるが、諾成的消費貸借などは実務上必要な観念といわれ2017年改正で明定されている（587条の2）。また、保証契約の成立には、当事者意思を確保するべく、書面が要求されている（446条2項）。また、贈与契約は、原則として合意のみによって成立するが（549条）、「書面によらない贈与」の場合は、履行が終わるまでは撤回可能とされているため（550条）、その効力確定には履行の完了が必要となる。ここでは贈与が対価を伴わない無償行為であることが影響している。このように法律関係の明確化や取引安全の保護、法律

行為当事者に慎重な考慮を促すべき局面では「方式」が一定の役割を演じているわけである。保証契約は書面でしなければ効力を生じないとされ（446条2項）、任意後見契約は公正証書によることが必要とされている（任意後見3条）のもこのような意味で理解されよう。

契約解釈と契約内容の確定　出来上がった契約内容（債務内容）を正しく実現するには、具体的に、いかなる内容で契約が成立したのかを確定する必要がある（契約解釈による債務内容の確定）。契約によって、双方当事者に引き受けられた義務やリスクの所在がはっきりしないと、紛争解決の基準が得られない。しかし、通常の場合、実際に、当事者がこと細かに交渉して合意内容を詰めることは少ない。だいいち、そんな時間もない。たとえば、自動車の売買契約で、車の型式・色・性能など「目的物」については熱心に選択し、代金、代金の支払い方法、車の引渡時期、保険への加入、車庫証明のなども確認しても、代金支払いや車の引渡しが遅れたときにどうするか、引渡運搬中に事故で車体が破損したらどうするか、使用中にエンジン・トラブル等が発生したら修理費用はどちらが負担するかといったことまでは通常考えが及ばない。契約の主要部分はともかく、周辺部分の交渉に時間やコストもかけられない。そこで、不確かな合意内容を明らかにする「契約の解釈」という作業が必要となる。第1に考えられるのは、言葉に表現されていないが当事者の態度や行動から示されている「黙示的意思」で合意内容を補うことである。第2に、合理的通常人なら、そのように考えるはずだという「合理的意思」を推測す

る。その際、取引慣行なども重要な考慮要因となる。さらに、「法による補充」が行われる。当事者の合意によって排除できない法規定を「強行規定」、合意があればそちらが優先するような規定を「任意規定」というが、当事者の特段の合意が認定できない場合には、任意規定が補充されて契約内容となる（91 条参照）。その意味で、契約法における任意規定は、思慮深い対策の交渉当事者による合意内容を模写した標準規範であることが理想である。最近では、「信義誠実の原則」を根拠に、契約本体の履行に伴う付随的な注意義務も債務内容を構成するものと理解されることが多い。

債務内容の確定が持つ意味　契約解釈による債務内容の確定が法律的に持つ意味は大きい。債務内容の確定は、契約を通じて、双方の当事者にどのような権利義務関係が生じたかを明らかにするが、確定された合意内容と当事者の真意が食い違う場合は「錯誤」（95 条）の問題を生じ、確定された合意内容がその本旨に従って履行されていないとか、契約に適合しない履行が為された場合は、「債務不履行」や「不完全履行」、場合によっては「担保責任」（目的物の隠れたキズについての売主の契約不適合責任）などの問題となるからである。

約款の適正化　注意を要するのは、契約締結の際に事業者が予め用意した不動文字の契約条件（「約款」という）が、顧客に意識されないうちに契約内容に組み込まれてしまうことがあるということである。銀行の「カード規定」、「ホテル宿泊約款」、旅行パンフレットに印刷された「旅行約款」、保険で後から送

られてきた「保険契約約款」などを想起されたい。あらかじめ適切
な方法で開示され、契約時に「他の契約条件については当社の約款
によります」などとされている場合、契約内容の一部に約款が組み
入れられ、「合意内容」となっている可能性がある。約款には、常
に適正な「開示」（かいじ）が求められ、もしその内容が事業者に一方的に有
利な契約条件であるときは、通常の合意以上に適正な内容であるこ
とが要求されてしかるべきである。その意味では、前述のように
（108頁）、新法548条の2第2号の書きぶりには問題が多い（消費
者法研究3号〔河上ほか〕）。不当条項（ふとうじょうこう）、濫用的条項（らんようてきじょうこう）に対しては、
公序良俗違反（90条）や信義則違反による援用規制（1条2項）と
いう形で約款条項の効力が否定されることがある。改正548条の2
第2項や消費者契約法では、例えば全面的に事業者の契約不履行
の責任を免れる免責条項や高額な違約金（いやくきん）を定める条項など、消費者
にとって不利な条項が無効となることが定められている（消費者契
約法8条、9条、10条）。

契約の履行・債務不履行　契約が成立すると、両当事者はその
合意内容に拘束され、それにしたがっ
て内容を実現しなければならない（履行義務（りこうぎむ））。任意の履行がなさ
れなければ、履行の強制に移行する。民法では、契約上引き受けら
れた義務の履行を「債務の弁済（べんさい）」と表現する（474条以下）。弁済
は、借金を返すことに限られない。たとえば、売買契約で、履行期
に、合意の趣旨にそって売主が目的物の財産権（所有権）を完全に
買主に移転し、買主が代金を支払うことが、それぞれ「弁済」にあ
たる。弁済は債務を消滅させる効果を持つが、債務内容がきちんと

実現されていない場合には、**債務不履行責任**が生じる（414条、415条参照）。

| 履行に向けて |

売買を例に、若干説明を敷衍しよう。通常、売主・買主は、目的物を「**特定**」しなければならない。目的物を種類や型式などで特定していても、世の中には同じものが沢山あるからである（これを種類物とか不特定物という）。逆に、「ゴッホのひまわり」や「＊＊番地の土地」のように、目的物が明確に確定している場合は特定物（実質的には不代替物）である。今日、売買の目的となる商品のほとんどは、種類物・不特定物である。「特定」がなぜ大切か。特定物の場合、売主は約束通りのものを期日に履行すべき義務を負い、同時に、履行期まで目的物を社会的に通常期待される合理的注意を払って保管する義務［**善管注意義務**］（400条）を負う。しかし、そのような注意を十分尽くしていたにもかかわらず、事故や天災で目的物が**滅失・毀損**してしまった場合、民法は、その特定目的物を「原状で」引き渡せばよいとしている（483条）。ところが、不特定物では、他にも世の中に同種品があるため、約束通りのものを履行しようと思えばできるので、売主（ここでの債務者）は、どんなに保管に注意を払っていても、いつまでも**再調達義務**を負う。そこで、ある段階で特定物と同様に再調達義務から債務者を開放しようと考えた。特定は、当事者の指示や合意によることもあるが、「**弁済の提供**」とも密接に関連する。たとえば、注文されたビール1ダースを指定された日時に配達したのに買主が留守で引き渡せなかったところ、帰り道に、子供の蹴ったサッカーボールが当たってバイクが転倒し、ビールが破損した。

注文主は「もう一度、ビールを配達せよ」と言えないばかりか、先の代金も払わねばならない。既に、「弁済の提供」によって目的物は特定し、その滅失の対価危険が買主に移転したからである（492条、415条1項但書き参照）。

双務契約の履行時のルール

売買契約における売主・買主のように、契約当事者双方が義務を負うようなタイプの契約を総称して「双務契約」というが、とくに各々の債務について異なる履行期を定めていない場合は、履行は同時に（相手の履行と引き換えに）行われるべきものとされている（533条）。一方当事者は、相手がその債務の履行を提供するまでは、自分の履行を拒むことができる。これを「同時履行の抗弁権」という。履行期が到来し、相手からの一方的請求に対して同時履行を主張できないと、相手の適切な履行への推進力を失いかねないからである。債務に同時履行の抗弁権が付着した状態であると、債務の履行を拒んでいても、そこに正当な理由があるため、契約解除ができなくなるといった効果も生ずる。購入商品にキズがあって代物と交換してもらったり、修理してもらうような場合も、きちんと履行してもらうまでは残代金の支払いを拒絶できるのも、この同時履行の抗弁権のなせるわざである。給付の訴えにかかる訴訟では、「……と引換えに……せよ」という引換給付判決をもらうことになる。ちなみに、クレジット売買では、信販会社が買主の代わりに代金を一括立替払いしてしまうため、理屈の上ではこの抗弁が切断されるが、割賦販売法は顧客保護のために再びこの抗弁をクレジット会社相手にも主張できるものとしている（割賦30条の4、29条の4第2

項［抗弁の接続］）。

【一口メモ：シナラグマ（synallagma）】

　ここで、「双務契約における債務の牽連性」について触れておきたい。売買のように、双方当事者が債務を負う契約を双務契約というが、この双方の債務は「あれがあるからこれがある」という形で互いに依存し、密接に関連づけられている。この関係はシナラグマと呼ばれ、契約における交換的正義と調和の思想を背景としている。たとえば別荘建物が売買された場合、当事者の気づかない間にこの建物が既に焼失していたような場合（原始的不能）、両債務は共倒れとなって契約は「不成立」に終わる。成立における牽連性の結果である（契約締結上の過失責任の問題は残る）。債務の発生から履行までの間に建物が双方当事者の責めに帰することのできない落雷・災害などで焼失した場合に建物の給付は履行が不能となるが、このとき代金債務も共倒れになるか、もはや支配が移転しているとして代金債務が生き残るかは危険負担の問題とされてきた。民法は、特定物に関しては危険は債権者が負うという債権者主義をとっていたが（旧534条）、一般的な債務に関しては債権者主義であり、対価についての債務も共倒れで消滅する（536条）。つまり、存続における牽連性が認められた。そして、履行時には、その牽連性が「同時履行の抗弁権」となって現れるわけである。事業者間契約では不能リスクを折込済みでの約束が多いことから、不能概念の必要性が問い直されている今日でも、互いに、いかなる債務を牽連づけて合意を語るべきかという問題の重要性は変わらない。ちなみに、改正民法は不能を目的とする原始的不能の契約も、ひとまず有

効としたうえで、不可抗力を理由とする解除の可能性の問題にしている。国際的取引での事業者間売買で一般的な種類物売買を念頭に置き、いわゆる「特定物ドグマ」を否定したいという発想の産物であるが、非代替物取引の場面がなくなるわけではない。

弁済の提供と弁済　　「弁済の提供」とは、要するに、債務者が履行のために自らなしうることを全て行うことを意味する。債権者が債務者のところに取立てに行く債務（取立債務）では、履行の準備をして債権者が来たらいつでも目的物や金銭を引き渡せるようにして、取りに来るよう通知すれば弁済の提供があったことになる。逆に、債務者が債権者のところに目的物などを持参する債務（持参債務）では、適時に持参して受領を求めればよい。この弁済の提供時から、目的物は特定し、しかも、債務者は履行が遅れたことによって生ずる一切の責任を免れる（492条）。もちろん弁済の提供があっても、相手方による受領がなければ「弁済」そのものは完了しないから、債務そのものは消滅しない。しかし、もはや「遅延利息」や「遅延損害金」などは発生しない。ちなみに、借金の返済期限はもっぱら債務者の利益のために設定されたものと解されているので、債務者はこの期限の利益をいつでも放棄して弁済ができる（136条）。むしろ、債務の本旨にしたがった弁済の提供があったにもかかわらず、債権者が正当な理由なく目的物を受領しないと（受領遅滞（債権者遅滞））、不利な立場に立たされる（493条、413条参照）。弁済の提供により双務契約における債権者は同時履行の抗弁権を失い、さらに、信義則上、債権者に受領に協力する義務が観念できる場合は、債務不履行に準じて損害賠償や解除

の請求も可能とされている。

代物弁済予約と相殺

弁済は、債務の本旨に従った給付の履行である。原則として、債務者がなすべき者であるが、債務の性質と当事者の意思に反しない限り、第三者もすることができる（474 条）。保証人のように、正当な利益があって債務者のために弁済した者は、弁済によって債権者に代位する（500 条。なお 499 条も参照）。また、債務者は、債権者との合意があれば、「代物で弁済する」こともできる（482 条）。債権者が認めれば、借金の返済をするかわりに土地や車を譲渡することも考えられるわけである（不動産の代物弁済予約は、しばしば担保として機能する）。さらに、代金支払義務を負う買主が、売主に対して別の機会に金を貸しており、その返済期日が既に到来している場合のように、相手方に対して同種の反対債権があって、それらが互いに弁済期にあるときは（「相殺適状にある」という）、対等額で帳消しにすることも可能である（「相殺する」という）。こうすることで、借金を返し、あらためて売買代金を払うという手間を省略できるわけある。債権者が弁済の受領を拒絶したり、受領できないときは、債務者は、一定の方式に従い供託所に供託して債務を免れることもできる（494 条以下）。

債権の準占有者に対する弁済

誰が見ても債権者らしい外観を呈している者に対して弁済をした場合、弁済者が善意（正当な債権者でないことを知らない）かつ無過失であるときは、弁済としての効力を生ずるので注意を要する（478

条［債権の準占有者に対する弁済］）。ある種の表見法理の表れである。

契約の不履行　契約の不履行は、合意内容であった債務が履行期に全く実現されていない場合だけでなく、ある程度実現されているけれども不完全な場合を含む。たとえば、商品売買で、目的物が届かない（引き渡されない）のも、届いた目的物の品質にキズ（瑕疵）があったり、約束されたような性能がないというのも契約不履行（債務不履行）である。つまり、合意内容と実際に手に入れたものとが適合していないこと（契約不適合）を問題にしているわけである。動産売買契約のように、モノについては、現実に引渡しがあったか、引き渡されたものがちゃんとしたものかの判断は比較的容易であるが、サービス（役務）提供契約では、仕事の内容が適切に遂行されたかどうかの判定が難しい。事業者が、客観的に見て充分合理的な注意（「善良な管理者の注意」という）を払って作業をしたかどうかが問われる。新車や洋服の売買で引渡されたモノにキズがあった場合と、駐車場に預けた車やクリーニングに出した洋服にキズが付いていた場合とは、問題とすべきことがらが異なるわけである。契約不履行（債務不履行）を、もう少し一般的にいうと、「債務者がその債務の本旨に従った履行をしない」ことである（415条参照）。不履行の態様として、伝統的には、①履行期に履行ができるのに違法に履行をしない「履行遅滞」、②履行期に債務者の責めに帰すべき事由で履行できない「履行不能」、③履行したが不完全なものであったという「不完全履行」の三つがあると説明されてきた。さらに、④もともと契約したとき

から目的物に隠れたキズ（瑕疵）があって、当事者がそれに気付か
ないまま履行を受けた場合も、（ある種の錯誤の延長であるが）合意
と適合しない不完全履行との一態様と考えられ、これにかかる責任
（契約不適合責任）もまた契約不履行を構成する。①②③のそれぞれ
について責任を問うには、債務者に非難すべき事情（帰責事由）の
あることが前提となっている。注意を尽くして履行しようとしてい
たのに、第三者によって妨害されたり、天災などの不可抗力で履行
ができなくなったような場合にまで債務者の責任を問うことは酷だ
からである。④は、契約当初から対価的バランスが壊れていたの
で、その限りで債務者の帰責事由の有無を問わないのが建前である
が（無過失責任）、完全な物であることを保証しつつ提供して、実際
には不完全な物を提供していること自体に帰責性（契約的過責）が
あるともいえよう。

| **不履行の効果** | 契約不履行の場合、債権者にどのような救済手 |

段があるか。たとえば、中古自動車を購入する
売買契約を締結し、約束期日に届かなかった場合、常識的には、最
初、事業者に連絡して「約束通り、納入せよ」と催促し、納入が
遅れたためにレンタ・カーを必要としたときは、遅延損害を賠償し
てもらうであろう。裁判所に救済を求める場合も同じである。基本
は、内容通りの実現を求める。これを「強制履行の請求」という
（414 条）。債務の性質によっては、第三者に代わって提供してもら
い費用を請求することもありうる。届いた車が故障がちの不完全な
ものであるときは、同じ車種で満足すべき性能のものを代品請求
することや、キズの箇所を部品交換や修理してもらうこと（修補

請　求）も考えられる。いわゆる追完請求である（562条）。しかし、代品請求や修補請求のような追完とは別に、キズに相当する値引き（代金減額）を求めることも認められる（563条）。

損害賠償請求権　また、この欠陥が理由で事故が発生するなど、買主が拡大損害を被った場合、一定範囲で（416条参照）損害賠償請求することも可能である（415条、564条）。その場合の損害賠償の範囲は、契約が履行された場合に債権者に生じたであろう利益状態と現状の差額であるが（履行利益）、現実の差額すべてではなく、そのような不履行によって社会的に通常生ずる損害（通常損害）と予見可能な範囲での特別損害に限られる（416条）。目的物の転売が予定されていたような場合は、転売利益を含みうるが、どの時点での転売価格を考えるかなど難しい問題がある。転売価格相場が上下している場合、中間最高価格が常に基準となるというわけにはいかない。問題によって、解除時・不能時・最終口頭弁論時など、適切な基準時が模索されている。

富貴丸事件　判例（大判大正15・5・22民集5巻386頁［富喜丸事件］）によれば、416条の規定は、不法行為の（相当因果関係にある）損害賠償の範囲確定についても類推適用される。もっとも、理念としては、債務不履行による損害賠償は、当事者によってプロジェクトされた新たな関係（比喩的に言えば資本が一回転した後）の利益状態の実現を狙うものであるのに対し、不法行為における損害賠償は、元々あるべき状態（回転前の資本状態）の回復を狙うものであるから、その「保護範囲」となるべきものや

金銭的 評 価の在り方は異なることに注意すべきである。
_{きんせんてきひょう か}

違約金・賠償額の予約　取引界では、賠償額をめぐる争いを回避するため、あらかじめ「違約金」や
「賠 償 額の予定」をしておくこともある（420条、421条）。裁判所
_{ばいしょうがく　 よてい}
は、基本的にこれを尊重するが、当事者の力関係から、法外な違約
金や賠償額が定められる場合もあり、その場合は違約金や違約罰は
一種の私的制裁となり、利息制限法や公序良俗、信義則等で制限さ
れる。また、消費者取引では不当条項規制の対象となっている（利
息制限 4 条、宅建業法 38 条、消費者契約法 9 条など）。

　以上は、契約を維持したまま救済を求める方法であるが、契約不
履行を理由に、相手との契約的拘束関係を解消して新たな取引相手
を求めるという道も開かれている。これが、次の解除である。

契約の解除　契約関係の維持や履行が期待できない場合や相手
方の不誠実な履行態度によって契約目的を達成で
きないような場合について、法は、他方当事者に**解除権**を認める
（法定解除）。いつまでも、契約的拘束関係に当事者を縛り付けてお
くことが無意味かつ不相当だからである。これによって、当事者
は、自己の契約上の債務から解放され、新たな取引相手を求めるこ
とが可能となる（当事者が、合意解除できることは当然である）。

解除の種類　民法上、契約解除が可能とされるのは、①履行期
に履行可能であるにもかかわらず違法に履行しな

いま履行期を徒過している履行遅滞の場合（541条）であり、これには催告が必要である。催告は一定の期間を定めて履行を催促するものであるが、既に履行準備ができているはずであるので、通常は数日で足りる。「催告によらない解除」として直ちに解除ができるのは、②債務の全部が履行不能であるとき、③債務者が履行拒絶の意思を明確に表示したとき、④残存部分のみでは契約目的が達成できないとき、⑤定期行為として一定期間内に履行しなければ契約目的が達成できない場合などがある。その他、契約の種類によって、特別な解除事由がいくつか定められている（610条、612条、625条3項、628条、641条、651条など）。要は、契約上の義務（債務）が債務者によって適時・適切に履行されないために、もはや契約維持が期待できない場合や、長期的契約関係や信認関係と言えるところでは互いの信頼関係が破壊されているかどうかが重要な決め手となる。

【一口メモ：定期行為とは】

　定期行為の例としてよく挙げられるのは、年賀状の印刷（目的物の性質によって定まる絶対的定期行為）、結婚式用のモーニングやウェディングケーキなどの注文（当事者の意思による相対的定期行為）、宣伝用の団扇の注文、酒の麹蓋の注文などがある。

解除は制裁か　解除は不誠実な債務者に対する制裁の一つと説明されることがあるが、帰責事由の存在は必ずしも解除の要件ではない。解除は、あくまで履行状況から見て、もはや契約関係の維持を期待できないため、当事者を債務的拘束関係から解放して、新たな取引相手を求めることを可能にするニュート

ラルな制度である（損害賠償責任の有無は解除の可否とはひとまず別問題である［545 条 4 項]）。解除は不可分であり、「全員から全員へ」の意思表示によることが必要である（544 条）。契約の法定解除は、相手方に対する一方的意思表示によって行うが（合意解除は相手方の同意が必要）、典型的な履行遅滞を理由とする解除では、もういちど「……日以内に履行せよ」と履行の催促（催告という）をして、その催告期間を履行のないまま経過すると解除できることになる。もっとも、状況から見て催告が無意味な場合は催告の手続は不要である。通常は、内容証明郵便で（証拠を残しつつ）、催告の通知と、催告期間を徒過したことを条件とする解除の意思表示をまとめて行うことが多い。

解除の効果　　契約を解除すると、一般的には、契約は最初からなかったことになり、当事者は「原状回復」の義務を負う（545 条）。基本的には、取消しの場合と同様に、契約の遡及的な消滅があると考えられている（学説上争いがあり、むしろ債務の転形と考えるのが相応しい）。しかし、長期的・継続的契約関係の場合は、解除をしても、効果は遡及しないで将来に向かって契約関係が解消することが予定されているので注意が必要である。たとえば、賃貸借契約の解除（620 条）や雇用契約の解除（630 条）、委任契約の解除（652 条）などがこれにあたり、学説上、通常の解除と区別して「解約告知」あるいは単に「告知」と呼んでいる。

契約の終了　　契約の前提とされていた事情が当事者の予想に反して著しく変化し、契約的拘束を維持することが

当事者にとって明らかに過酷となるような場合は、契約法を支配する信義則の現れとして、「事情変更の原則」が発動されることもある。戦後の急激なインフレに際し、ドイツで議論されたもので、「行為基礎の喪失」などと呼ばれる。具体的な適用例は乏しいが、わが国でも、法準則としては存在が承認されている。合意が想定していた前提の範囲外であるため、合意の効力が及ばないということである。また、履行が完了した場合はもちろんこと、契約の目的が別の形で達成された場合や不達成が確定してしまった場合も、もはや、それ以上に契約の実現（現実履行）を強制する意味がないため、契約は、その効力を喪失する（たとえば、診療契約で患者が全快したり、死亡したような場合を考えてほしい）。ただし、目的不達成となったことについて、一方当事者に責めに帰すべき事由がある場合に損害賠償責任が発生することは別問題である。最後に、消滅時効の制度にも注意が必要である。民法は、長期にわたる事実状態を尊重し、立証・採証上の困難を避け、「権利の上に眠る者を保護しない」といった理由から、一定の時間の経過を要件として、権利の取得や消滅をもたらす時効制度を用意している。契約によって発生した債権・債務関係は、この消滅時効にかかる。原則として、債権は権利行使できることを知った時から5年間の不行使で消滅する(166条)。時効は代金支払義務等を免れる無責任で不道徳な制度というより、受領書等の保管が困難なため、債務者がまちがって二重弁済を強いられないようにするというのがその理由である（46頁以下参照）。

契約の余後　契約関係が履行の完了によってひとまず終了しても、完全に問題がなくなるわけではない。契約過

程で知り得た顧客の情報管理・守秘義務や、一定の修理部品の保存
義務、雇用関係などでの 競 業 避止義務など、契約後も一定の余後
効が存在する可能性があり、これらは本体の契約に付随する形で、
義務違反に対して契約責任（債務不履行責任）を導くことがある（82
頁も参照）。

（3）その他の財産権移転契約

　財産権移転型の代表である売買については既に述べた。ここでは
その他の契約について補足的に説明しておこう。第 2 節「贈与」
は、ある財産を無償で相手方に与える意思表示をし、相手方がこれ
を受諾することによって効力を生ずる無償の片務契約である（549
条）。比較法的には珍しいが、「書面によらない贈与」の場合は履行
がなさるまでは解除が可能となっており、拘束力は弱められている
（550 条）。そのほか「定期贈与」、「負担付贈与」、「死因贈与」につ
き特則がある（552 条〜 554 条）。第 4 節「交換」は、金銭以外の財
産権の移転を約するもので、かつての物々交換や土地 収 用におけ
る換地分合は、その例であるが、基本的に売買にルールが準用され
る（586 条 2 項）。

（4）財産権利用型契約

　財産権利用型契約には、消費貸借（587 条）・使用貸借（593 条）・
賃貸借（601 条）がある。対価（賃料）を払って物を利用するのが
賃貸借 、無償で利用するものが使用貸借 である。これに対し、お
金や米を借りる場合のように、借りたものをいったん消費し、あと
で同種・同等・同量のものを返すものを 消費貸借 と呼ぶ。銀行に

預金するのは、一般に金銭の 消費寄託契約と呼ばれるが、消費貸
借と大差はない。以下では、とくに重要な不動産賃貸借と、金銭消
費貸借を中心に見ていこう。

1) 不動産賃貸借契約

レンタ・カーや DVD レンタルといった「動産賃貸借」もさるこ
とながら、土地・建物という「不動産賃貸借」は、人々の生活や営
業活動の基盤となることから、きわめて重要な契約の一つで、法政
策的な議論も多い。とくに、居住用建物を建てるための「借地」
や、既存の建物を居住用に借りる「借家」の場面では、賃借人の生
活安定のために、借地借家法によって存続期間保護などの様々な配
慮がなされている。かつては、建物保護法、借地法、借家法が分か
れて特別法を形成していたが、現在は一つにまとめられている。

借地の法律関係　賃借権は、本質的には「債権」であるが、不
動産賃借権は登記をすることで、その後に物
権を取得した者に対しても対抗することができる（605条）。ただ、
この登記について、賃貸人の協力を得ることが難しいため、借地借
家法では、借地上にある建物の登記や借家の引渡しをもって後の物
権取得者に対抗できるものとしている（同法 10 条 1 項・2 項、31 条
1 項、参照）。かくして、現在は「売買は賃貸借を破る→売買は賃貸
借を破れない」。

借地の存続期間　民法の賃借権の存続期間は 50 年を限度として
いるが（604 条）、更新を可能としている。借
地借家法ではこれに特則を設け（同 3 条［30 年以上］）、賃借期間が

満了しても容易に更新を認め、原則として、土地所有者や建物所有者にとって自己使用その他の正当事由がないと、借地人・借家人からの更新要請を拒絶できないと定める（同法 6 条、28 条）。「立退料」による正当事由の補完を認めるが、基本的には現実の利用状況が重視されている。また、更新がない場合の建物買取請求権や一定範囲での造作買取請求が認められるなど（同法 13 条、32 条）、借り手の投下資本の回収にも配慮している。さらに、借地権の譲渡についても民法の原則（612 条）を緩和して、賃貸人の承諾に代わる許可の裁判を可能とするなど（借地借家法 19 条 1 項）、総じて、不動産賃借権は物権化しているといってよい。

費用償還請求　賃貸人は、契約の趣旨にしたがって目的物を賃借人に使用・収益させる義務を負い、賃料はこれに対する対価としての意味を持つ（民法 601 条参照）。したがって、建物賃貸人は、建物を居住に適した状態にして賃家人に提供する必要があるため、雨漏りや床の腐食などの修繕は、賃貸人（＝家主）の責任ということになる（606 条）。賃借目的物について、賃借人が必要に迫られて賃貸人の負担に属する必要費を支出したり、有益費を支出したときは、賃貸人に費用償還請求ができる（608条）。また、利用によって通常生じる目的物の自然な損耗は対価である賃料に反映されていると考えねばならない。

敷金の扱い　家屋賃貸借では、契約時に賃料以外に「敷金」が求められることがあるが、少なくとも敷金は借家人の義務違反による損害賠償責任の担保であり、何事もなければ契

約終了時には返還されるべきものである（622条の2。これに対し「権利金」は賃料の一部前払いと考えられている）。この関連で、建物の**自然損耗**についての原状回復費用として、明渡後に敷金から差し引いて返還する旨の特約を見かけることがあるが、そのような特約は、消費者契約法10条に照らして無効と解されている（621条も参照）。

【一口メモ：敷引特約】

　2017年民法改正により敷金については、第622条の2において「いかなる名目によるかを問わず、賃料債務その他の賃貸借に基づいて生ずる賃借人の賃貸人に対する金銭の給付を目的とする債務を担保する目的で、賃借人が賃貸人に交付する金銭」と定義された。これにより、敷金とは「借主の賃料滞納などの債務不履行があった際にその弁済に充てる」「契約終了などによる明渡しの際には、敷金から修繕費などの債務不履行額を差し引いた額を借主に返還しなければならない」ことになる。賃貸借契約が終了して退去する際、賃借人は賃借物を元の状態に戻して返還するのが一般的であるが、この原状回復については、これまでは国土交通省が公表した「原状回復をめぐるトラブルとガイドライン」（1998年）に従って行われてきた。ガイドラインでは「原状回復とは、賃借人の居住、使用により発生した建物価値の減少のうち、賃借人の故意・過失、善管注意義務違反、その他通常の使用を超えるような使用による損耗・毀損を復旧すること」とされ、このガイドラインの内容が民法に盛り込まれた形になる。

《通常損耗・経年変化に当たる例　→原状回復義務を負わない》

- 家具の設置による床、カーペットのへこみ、設置跡（あと）
- テレビ、冷蔵庫などの後部壁面の黒ずみ（いわゆる電気ヤケ）
- 地震で破損したガラス
- 鍵（かぎ）の取り替え（破損、鍵紛失のない場合）

《通常損耗・経年変化に当たらない例　→原状回復義務を負う》

- 引っ越し作業で生じたひっかきキズ
- 日常の不適切な手入れもしくは用法違反による設備などの毀損（きそん）
- タバコのヤニ・臭（にお）い
- 飼育ペットによる柱などのキズ・臭い

2) 金銭消費貸借

　金銭の貸し借り（金銭消費貸借）もまた重要な契約類型の一つである。借金には利息がつきもので、古くから、高利・暴利規制は政策的にも重要な課題であり続けている。我が国では、既に明治10年の太政官布告（だじょうかんふこく）66号が利息制限法の先駆けとなっている（現行の利息制限法の制定は昭和29年）。高度成長期にも、いわゆる「サラ金」による過酷な取り立て被害が後を絶たず、昭和58年にはサラ金2法（貸金規制業法（かしきんぎせいぎょうほう）・出資取締法（しゅっしとりしまりほう））が制定された。ここで、重要なことは、利息制限法によって定められた上限金利（じょうげんきんり）（元本10万円未満20％、10万円以上100万円未満18％、100万円以上10％）を超えた利息の契約が超過部分（ちょうかぶぶん）について無効であるにもかかわらず、貸金業規制法43条が、一定の要件下で債務者が「任意に支払った」限りで有効な弁済とみなす旨が定められたことである。つまり、民事上は「無効」でも、貸金規制法上は有効な弁済となる「グレイゾーン金利」が生まれたのである。さらに、出資法によっ

て刑事上違法となる金利も別に定められ、金利規制はひどく複雑なものになっていた。グレイゾーンは徐々に縮まり、近時、最終的にグレイゾーン金利を解消する方向で立法化が進んだ。問題は、健全な庶民金融（しょみんきんゆう）をどのような形で形成するかというすぐれて政策的なものである。国による指導・監督を強化するだけでは、表に出ない「ヤミ金融」がはびこる危険もあり、ことは単純ではない。

クレジット販売の拡大　一般に、クレジットで物を購入する場合も、金銭消費貸借が背後に組み込まれている。自社割賦（じしゃかっぷ）の場合は、単に売買代金の支払いが猶予され、割賦で弁済するだけの二当事者関係であるが、クレジットでの売買では、売主と買主の売買契約に加えて、信販会社による代金の立替払い、信販会社と買主との立替払い委託（立替金についての一種の金銭消費貸借）が結合して三面契約関係が結ばれている。立替金返済が滞った場合に備えた保証料（ほしょうりょう）なども加わって、利息制限法上の問題を生じることもある。割賦販売法は、実質利率等に関する情報開示に配慮しているほか、軽率（けいそつ）な契約からの買主のクーリング・オフ

【消費者信用】

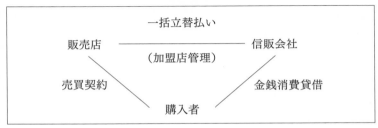

権を定め、自社割賦であれば買主が売主に主張できるはずであった
同時履行の抗弁などを信販会社に対しても主張できるようにしてい
る（抗弁の接続）。さらに、2008 年の割賦販売法改正では加盟店管
理など、更に規制が強化されている。

（5） 役務提供型契約

　民法は、労務・役務提供型の契約類型として雇用・請負・委任・
寄託の 4 種を定める。事務処理等の委託を目的とする委任がベー
スにあり（646 条）、これに、相手の指揮命令に服すのが雇用（623
条）、仕事の完成を目的とするのが請負（632 条）、物の保管を目的
とするのが寄託（657 条）である。とはいえ、役務給付は、あらゆ
る契約に内包されており、きわめて多様である。

雇用	請負	委任	寄託

雇　　用

第 1 に、雇用については、労働法に詳細な規定が整
備されており、労働契約法、労働基準法・労働組合
法・労働関係調整法の存在のみを指摘し、内容の説明は省略する。

請　　負

第 2 に、請負契約は、当事者の一方（請負人）がある
仕事を完成させ、他方（注文者）がその仕事に対して

報酬を支払うことを約束して成立する契約である（632条）。仕事の完成を目的としている点で、他の契約類型と区別される。建設工事請負契約が代表であるが、これには建設業法の規制があるほか、標準的な約款が利用されて、その契約内容を形成している。約款の当否はともかく、民法の規定に関連しては、欠陥住宅など、仕事にキズ（瑕疵）があった場合の請負人担保責任と、危険の移転に関する重要な問題がある。仕事に瑕疵がある場合、瑕疵の修補・損害賠償（634条）のほか、契約解除ができることになっている。目的物に瑕疵がある場合、注文者は、信義則に反しない限り、請負人から瑕疵の修補に代わる損害賠償を受けるまで報酬全額の支払いを拒むことができる（最判平成9・2・14民集51巻2号337頁）。また、判例では、建築請負の仕事の目的物である建物に重大な欠陥があるために建て替えざるを得ない場合には、注文者は請負人に立て替えに要する費用相当額の損害賠償請求をすることができ、それは民法の規定の趣旨に反しないとしている（最判平成14・9・24判時1801号77頁）。

注文者帰属説 仕事が完成して引き渡す前の目的物（たとえば家屋）の所有権の帰属に関して、判例は、特約のない限り「主たる材料の提供者」に帰属するとしてきた。しかし、最近では、代金の支払い状況から当事者の合意を推定するなどして、注文者に帰属させる判断が続いており（最判昭和46・3・5判時628号48頁）、元請人から工事を一括して請け負った下請人が自ら材料を提供して出来高部分を築造した場合でも、その契約が中途解除の場合に出来高部分の所有権を注文者に帰属させた例もある（最判平成5・10・19民集47巻8号5061頁）。

第 3 に、**委任**は、弁護士などの高級労務を前提としてルールが形成され当事者間の緊密な信頼関係を基礎におくとされてきた。それだけに、原則無償とされたり（648条 1 項）、有償・無償を問わず高度な善管注意義務が要求され（644条）、いつでも無理由解除が認められる（651条 1 項）など、独特の規定を含んでいる。しかし、事務処理一般に通じる状況・顛末報告義務（645条）、受取物や権利の移転義務（646条）といった受任者の義務や、委任者の必要費弁済義務など（650条）の基本的な規定も用意されており、法律行為のみならず、そうでない事実行為としての事務の委託にも適用がある（656条：準委任）。

第 4 に、**寄託**は、物の保管を頼む契約である。商人が大量の商品等を倉庫業者に保管させる場面については商法に詳細な規定がある（商法579条以下）。民法の適用される寄託の例はそれほど多くないが、銀行預金などは、消費寄託と説明されることがある（その法律関係は返還時期に関する点をのぞいて金銭消費貸借と全く変わらない）。

寄託に似たものに、「**信託**」という制度があり、こちらは今日大いに注目され、大正11年以来の信託法・信託業法の改正・整備も進められた。信託は、金銭その他のものを受託者に移転し、受託者の裁量でこれを運用させ、その収益を受益者（信託者またはその指定した者）に給付させる契約である（信託法）。受託者は、信託者の信頼を受けて受託物を運用する点で、単に物を預ける寄託というより、委任に似ている。また、信託

財産の帰属・管理は、形式的には、受託者に移されるなど、特殊な契約関係を生み出している。

サービス提供契約

その他のサービス提供契約については、委任における善管注意義務のほか、具体的な規律が乏しいために問題が多い。役務提供契約は、あんま・マッサージ、散髪、エステ、医療、介護、学習塾・教育、旅行、引越・宅配、冠婚葬祭、結婚仲介、投資顧問、情報提供・助言、訴訟委任、電気通信など数え上げればきりがない。しかし、そこには、一般の売買契約の対象商品である「物」の給付とは異なるいくつかの共通する特性があり、それが法的問題を考える上で重要な意味を持つ。いくつか、その特徴を整理しておこう。

役務の「無形性・視認困難性」

役務（サービス）給付は、物のように、あらかじめ手に取って見ることができないため、いきおい、文字や言葉で説明されたり、契約条件の形で示される。そのため、しばしば具体性に欠け、事前評価が困難で、対価の判断に迷う。役務に対する評価は、しばしば受け手の主観的満足に左右され、紛らわしい説明による期待との不一致などから、トラブルが生じやす。したがって、事前の適時・適切な形での情報提供や説明が重要で、事業者の説明などによって惹起された顧客の合理的期待を法的に保護する必要が高い。

役務の「人手依存性」

役務は、その提供に際してさまざまな素材・器具・施設の利用を伴うことがある

が、本質的には人によって遂行される労務を給付内容の中核とする。そうなると、遂行者の知識・技能・経験などによって提供されるサービスの質が変化するため、物の場合のような均質性が必ずしも確保できない。不完全な役務提供に対する救済が、どちらかというと不法行為法の領域（709条）で展開される可能性が高いのはそのためである。いずれにせよ、役務提供者は、通常そのような職にある者として、通常合理的に期待される注意、善良なる管理者としての注意義務（略して「善管注意義務」という）を怠って顧客に損害を与えた場合、債務の不履行責任を負う（415条）。

役務の適時性・貯蔵不可能性　多くの役務は、その性質上、いつ・どのように提供されるかが重要であり、貯蔵・流通に適しない。しかも、いったん役務提供を受けた者は、これを返還することで清算することができず、原状回復が困難である。単純な「巻き戻し（原状回復）」が難しいとなると、追完的役務・代替役務の提供のほか、精神的損害に対する賠償も考えねばなるまい。また、サービスの提供と代金支払いは、同時履行（533条）の関係になりにくいことにも注意が必要である。

役務の複合性　役務が単体で市場に登場することはまれで、洋服の注文制作のように役務と成果物の提供が結合したり（制作物供給契約）、学習用教材と教育、スポーツ施設利用と指導のように、物の提供や施設の利用と結びついたり、主催旅行契約や各種の金融サービスのように、複数の役務を組み合わせることで様々な商品化が進んでいる。そうなると、新たな無名契約や

複合的取引、複合的給付を全体としてとらえる必要がある。全体
として契約目的がどの程度達成されるかによって救済のあり方を
考えねばならず、ときに、不公正な「抱き合わせ取引」の危険に対
しても配慮が必要である。

　　履行の継続性　　役務提供は、物の引渡しとは異なり、多かれ少
　　　　　　　　　　　なかれ一定の時間の経過を内包する。そのた
め、途中で不要になったり、継続が都合悪くなることも生じよう。
そのとき、容易に契約関係から抜け出せないと無用な契約給付を当
事者に強制する結果になる。特定商取引法が、通常のクーリング・
オフに加え、特定継続的役務提供（エステ・外国語会話教室・学習
塾・家庭教師派遣・パソコン教室・結婚相手照会サービス）につき、一
定の精算をした上での中途解約を特に定めているのは（同法49条）
このような配慮に基づく。民法でも、信頼関係を基礎とする委任型
契約では、いつでも解除ができるのが原則であり（民法651条）、
請負型で注文者は完成前なら「いつでも損害を賠償して」解除でき
（641条）、雇用型では「やむを得ない事由があるときは」直ちに解
除できることになっているが（628条）、これらのルールの適切な運
用が必要である。

　　役務の専門性　　役務には、医療における医師や訴訟委任におけ
　　　　　　　　　　　る弁護士のように一定の資格をもった専門家に
よって提供される役務も少なくない。一般に、専門的役務に関して
は、高度な注意義務が要求され、厳格な責任と職業倫理が求めら
れている。もっとも、どのような職業についても、業として反復継

143

続していく上で、ある種の専門性は求められるわけであるから、「その職にある者としての注意義務」を考えれば、所詮は相対的なものというべきであろう。ただ、信認関係を前提とする専門家の役務については、単に、依頼者の意向の尊重にとどまらない助言や説得にかかる信認義務（fiducial duty）も問題となることがある。

(6) 組合・終身定期金・和解

組　合　　民法上の組合契約は、たとえば大学祭で焼鳥屋を出店する場合や集合住宅の管理組合のように、数人の者が各自出資して共同事業を営むことを約束した団体を設立する行為である（667条）。「出資」は金銭に限らず、物でも労務でもよい。「共同事業」の内容にも特段の限定はない。組合事業を営むために、各組合員はそれぞれ全組合員を代表する権限を持つ。内部的意思決定には過半数の賛成を要するのが原則であるが、組合の通常業務は、各自が単独でも行うことができる（670条）。もちろん、組合員中の一部に業務執行を任せることもできるが、その場合にも、各組合員は業務を任された組合員の行動を監督する権利を失わない（670条〜673条）。会社などの社団法人ほど組織だってはいないが、民主的組織であることが求められているわけである。組合の財産は全組合員の「共有」に属するが（668条）、組合目的を遂行する上で一定の制約に服しており、各組合員が単独でその持ち分を処分する自由がなく、直ちには分割も請求できない（676条）。このような共同所有は、特殊な性格を持つため「合有」と説明されることが多い。組合は、これを構成する組合員の個性が比較的強い団体であるが、その構成員が脱退しても必ずしも組合の同一性を失

うとは限らない（除名・脱退の規定もある［678条〜681条］）。組合は、その目的を達した場合および事業遂行が不能になった場合には解散し、また「やむを得ない事由があるとき」は組合員が解散請求できる。組合が解散したときは、組合員全員又は全員から選ばれた者が清算人となり、組合財産の精算を行う。組合は、基本的に、複数当事者の合意で形成される契約的組織であり、新たな法人格を形成するものではない。しかし、このような原初的な団体構造の発展の上に、いわゆる権利能力なき社団や法人組織が形成されていくものであることは、容易に理解されよう（労働組合・協同組合・集合住宅管理組合など関連する特別法も多い）。ちなみに、ドイツの学者ギールケは「人類の歴史は団体結合の歴史である」と述べた。今日も、団体法の有する意義は大きい。

終身定期金

終身定期金契約とは、ある人が死ぬまで定期に金銭その他の物を給付する債務を成立させる契約である（689条）。立法時は高齢者扶養での活用が想定されたようであるが、私人間で成立する例は乏しく、むしろ国家が特殊な制度（年金制度など）を構築して、福祉などに利用されている。

和　解

和解契約は、当事者が互いに譲歩してその間に存する争いをやめることを約するものである（695条）。後から紛争を蒸し返さないよう、後から新たな証拠が出てきても、和解の結果は動揺しないものとされている（696条）。交通事故などでの「示談」も、和解に準ずるものであるが正式な法令用語ではない（仲裁による示談もある）。裁判所で争われている事件につい

て、裁判所が和解を進めることもある。裁判所で和解が成立した場
合（裁判上の和解）、当事者に確認されてその内容が「和解調書」
に記載されると判決と同一の効力を生ずる（民訴 89 条、265 条、
267 条参照）。なお、第三者（調停人）が、争いのある当事者の間に
立って斡旋をして和解をさせることを「調停」と言い、民事事件
でも借地借家関係や家族関係の紛争、労働争議などでは裁判と並ぶ
大きな役割を演じ、交通事故紛争などでも組織的な調停制度が利用
されている。ちなみに、借地借家の賃料増減請求や、家庭に関す
る人事訴訟案件は、調停を先にする調停前置主義が採られてい
る。

　以上が民法上の典型契約（有名契約）であるが、これ以外にもさ
まざまな契約が存在し、その性質決定をめぐっては多くの議論があ
ることは既に述べたとおりである。

5　事務管理　　● 　● 　●

　債権編第 3 章の事務管理は、義務なくして他人のために事務の
管理を行うもので、単におせっかいな行為もあれば、好意や、通り
がかりの人が交通事故の被害者を病院に運ぶ場合のように他者の身
体・名誉・財産に対する急迫の危害を免れさせるために行う場合
もある（緊急事務管理という [698 条]）。事務管理は、本人からの
委任がないが、結果的に、委任があった場合と同様に処理すること
を求めるもので（701 条、702 条 1 項参照）、管理を始めた以上は途
中で勝手に投げ出さないこと（700 条）、本人の意向を最大限尊重す
ることなどが定められている（697 条 2 項、702 条 3 項参照）。なお、

緊急事務管理の場合、管理者は、悪意又は重大な過失がある場合でなければ、それによって生じた損害を賠償する責任を負わない（698条）。善意でなした緊急の事務の管理者に、そこまで厳重な注意義務を要求するのは酷だからである。管理者は、事務管理を開始したことを遅滞なく本人に通知しなければならない。

【一口メモ：思いやりとおせっかい】

　台風で隣の家の屋根が壊れたが、隣人は海外旅行に出かけているような場合、隣人に代わって屋根の修繕を注文するような場面を想像してほしい。本人の意向は判らないから、自分の趣味で和風屋根をコロニアル風にするのではなく、以前の屋根に近いものを注文すべきことになる。修理代金は、あとで本人に払ってもらうことになり、かかった費用は請求することができる。余計なおせっかいかもしれないが、委任契約で本人から頼まれたら、こうなるだろうということを想像しながら、事務を管理する必要がある。相互扶助が民法の根本精神や理念だとする見方もあるが、基本は他人の財産権を勝手に行使するのは許されないわけで、やるからには、慎重かつ本人の意思に即して行うことが求められている。

6　不当利得

（1）不当利得法の機能

　ある者が他人の財産や労務によって利得を得たことに法律上の原因がなく、そのために他人に損失を及ぼしている場合、そこに不法行為の要件が備わらなくとも、この損失を被った者から利得を受けた者に対して当該利得の返還を請求する権利を認めなければ、公

平の理念に反する。たとえば、債務者が誤って二度弁済し、債務者も気づかずこれを受けたというような場合、債権者に不法行為があるとはいえないが、すでに最初の弁済によって債務は消滅していたのであるから、もとの債権者は、法律上の原因がないのに弁済相当の利得を得たことになる（なお705条も参照）。このように、法律上の原因なしに他人の損失において利益を得ることを不当利得といい、民法は、損失者のために利得者に対する返還請求を認めた（703条以下）。取引行為を介して物や金銭を給付したり、労務を提供した後で、その行為が無効であったことが分かったり、取り消されたような場合も、原則として原状回復に向けた不当利得が成立する（121条の2。給付不当利得）。また、他人の物を使用権限なく利用したような場合も不当利得となりうる（侵害不当利得）。比喩的に言えば、表の財貨移動を支える法律関係（ポジの世界）が消滅した場合の逆向きの清算関係（ネガの世界）が不当利得法といえようか。

「ごみ箱」か箱庭か　ある学説は、不当利得法を、民法その他の実体法秩序の「箱庭」と呼び、ある学説は「ゴミ箱」と呼んでいる。類型的分析は多彩であるが、いずれにせよ、法律上の原因がないことの背景には、さまざまな理由があり、単純に裏返しになっているわけではない。このほかにも、一定の費用の支出が他人の財貨の価値を高めた場合のような支出利得や、他人の債務を消滅させた後始末としての求償利得などが問題とされている。利得と損失の間には因果関係が必要であるが、判例によれば、必ずしも直接的なものである必要はないとされている。それ

ぞれの問題は、各当事者にとって、実質的に衡平かどうかという観点から判断するほかない。

(2) 不当利得に基づく返還請求

　不当利得として償還すべき範囲は、利得者がその請求を受けたときに、なお保有していた利得（現存利益）を限度とする（703条、121条の2）。利益の現存しないことは、不当利得返還請求権の消滅をする受益者が主張立証しなければならない。しかし、受益者が悪意の場合（＝利得を受ける法律上の原因のないことを知っていたとき）には、利得が残存しているかどうかにかかわらず受けた利得に利息を付し、さらに損害も賠償しなければならない（704条）。後者は、むしろ次に学ぶ不法行為に近い。権原がないのに他人の財産を利用して、その才覚で莫大な利益を上げたような場合、かかる利得の吐き出しまで求めうるかは問題で、さらに検討を要する（特許などでは利得の吐き出しを明文で規定している）。消費者契約法における取消しの効果は、給付不当利得ではあっても原状回復ではなく、現存利益の返還で足りるものとされている（消費者契約法6条の2）。相手の欺瞞的勧誘行為に対して、付与された取消権だからである。

(3) 利得と損失の因果関係

　利得と損失の間には直接の因果関係が必要と言われるが、判例（最判昭和45・7・16民集24巻7号909頁）によれば、他人所有の機械を賃借していた者がそれを業者に修繕させたような場合、その修繕業者の給付（修理）を受領した者が所有者でなく中間の賃借人であることは、修繕業者の損失と所有者の利得の間に直接の

因果関係をみとめる妨げとならないという（いわゆる転用物訴権）。もっとも、これも所有者が対価関係なしに利得を得たような場合に限られ、賃料が賃借人による修繕費負担を前提としているような場合には妥当しない（最判平成 7・9・19 民集 49 巻 8 号 2805 頁）。一つひとつの事件が、何が衡平かを考えながら、解決していかねばならない問題である。

（4）不法原因給付

興味深いのは、不法の原因のために給付をした者は、たとえそれが相手方の不当利得となる場合でも、その返還を請求することができない点である（708 条）。公序良俗（90 条）に違反するような賭博契約や麻薬取引・売春契約などは、履行前には無効として効力を否定されるが、履行してしまってからは、法律上の原因がなかったからと賭金や代金の不当利得返還請求をすることは認められない。裁判所の門をたたいて救済を求める者は、自らもまた正しい者でなければならないという理念（クリーンハンド［clean hands］の原則）に基づいている。不法行為に基づく損害賠償についても、かかる精神が考慮されうる（最判昭和 44・9・26 民集 23 巻 9 号 1727 頁）。もっとも、判例では、財貨移転のいきさつなどにつき不法性の比較も行われており、損失者に対して利得者の不法性がきわめて強い場合は必ずしも不法原因給付とならないこともある（最判昭和 29・8・31 民集 8 巻 8 号 1557 頁、最判平成 9・4・24 判時 1618 号 48 頁など。なお、河上『民法学入門』第 2 章も参照）。

7 不法行為 ● ● ●

(1) 日本の不法行為法の基本的考え方

不法行為責任の意味　債権編第5章の不法行為法は、ある者に社会的に好ましくない不利益状態が発生した場合に、一定の要件のもとで、そのような不利益を被っている者（被害者）から他の者（加害者）に対して、不利益状態の除去や損害の塡補を要求できるものとする制度である（他に転嫁できない損害やリスクは自ら甘受するほかない）。契約法が、資本を一回転させて、来るべき関係の形成を支援するための「前向き」の制度であるのに対し、不法行為法は、本来あるべき状態の「へこみ」を回復するための救済措置という「後向き」の性格を持っている。もっとも、ローマ法に見られたような懲罰的性格は影を潜めて、刑事責任との役割分担をすすめ、むしろ被害者救済や損害の公平な分担に重心をおいて運用されている。不法行為責任の原則的効果は金銭賠償である（722条Ⅰ項）。しかし、名誉毀損の場合の特則を見てもわかるとおり（723条）、必ずしもこれに限られない。必要に応

じて、公害訴訟や環境訴訟における汚水や煤煙排出の差し止めのように、継続する加害行為の差止請求権も不法行為の効果として認められてしかるべきであるが、こちらは「物権的請求権」に仮託して語られることが多い（「環境権」など）。

1）一般的不法行為責任の要件

過　失

日本民法は、まず、一般的不法行為責任として、「故意又は過失によって（過失責任主義）」、「他人の権利又は法律上保護される利益を侵害した」者に（加害者自己責任主義）、「これによって生じた損害」の賠償を義務づけている（709条）。ここで鍵となる「過失」の意味は、かつては主観的に評価されたが（加害者の懈怠・不注意を責める意味が強かった）、今日では客観的に評価され（過失の客観化）、被害者の救済が前面に出ている。その判例上の判断枠組みは、おおよそ「予見可能性を前提とした［損害の発生という］結果回避義務違反」といってよい。

権利・要保護利益の侵害

要件中の「他人の権利」は、かつては厳格に解されたが、後に「法的保護に値する利益」を全て包含するようになり、民法の現代語化に際して「法律上保護される利益」という表現が追加された。今日の不法行為法では、従来必ずしも明確でなかったきわめて多様な利益が問題とされるようになっており、特に「人格的利益」（氏名権・肖像権・貞操権・プライバシー権など）が重視されている。その意味で、不法行為法には権利創設的機能があるといってもよい。「権利の侵害」は、しばしば「違法性」という表現に置き換えられて語られるが、違法性は、不法行為責任を否定する場合の「消極的要件（違法

性がない）」を示す場合に用いる方が適切であろうし、すでに「権利の侵害」の意味合いが拡張された今日では、敢えて表現を置き換えるまでもあるまい（720条も参照）。なお、被侵害利益は、財産的利益に限られず、加害者は、「財産以外の損害（精神的損害）」についても責任を負う（710条、711条）。

因果関係　不法行為における因果関係には、責任関係を明らかにするための因果関係と、損害賠償範囲を確定するための因果関係の二つがある。判例によれば、ドイツ流の「相当因果関係」という表現が用いられ、債務不履行の賠償範囲に関する416条が類推適用されているが、不法行為の場合には、事実的な因果関係（［あれなければこれなし］のbut for rule）と加害行為と損害との危険性関連、そして法益の保護範囲から確定した上で、その損害をどのように金銭的評価すべきかを検討する必要がありそうである。

立証責任　不法行為責任を追及する場合、被害者は、故意・過失、権利侵害、損害の発生、因果関係といった要件を、自ら主張・立証していくのが原則である。ただ、医療事故や公害などを考えても容易に推測できるように、この立証には、しばしば困難が伴い、被害者が適切な救済を受けられない場合も生じるため、加害者側の支配領域内にある事情などについては、間接的事実からの推定や、立証責任の転換が必要となることも少なくない。

効果としての損害賠償　不法行為が成立した場合の損害賠償の範囲は、侵害された利益（保護法益）の

金銭的評価によって定まる。判例は、債務不履行の場合の損害賠償の範囲を定めた民法416条を類推適用して、「通 常 損害」と「予見可能な特別損害」という枠組みで、賠償範囲の確定を試みようとし、「不法行為と相当因果関係にある損害」と表現されることもある。これはドイツの学説に由来するものであることはすでに述べた。ドイツでは、加害行為がなかった場合の財産状態と、加害行為によってもたらされた財産状態の差額を損害ととらえ（「差額説」という）、その完全賠 償 を目指したが、あまりに拡大する損害を一定の範囲に限定する必要を生じたために「相当因果関係」という制限枠組みを導 入 した。日本の不法行為法には、賠償範囲に関する具体的規定がないため、理論的にこのドイツ学説が導入されたわけである。もっとも、歴史的に見ると、民法416条は、イギリス判例法に由来し、必ずしもドイツ的な相当因果関係を論じるのに適合的なルールではない。しかも「差額説」を前提としない日本法では、相当因果関係という制限理論を持ち出す必然性もない。加害行為と危険性関連のある保護法益を金銭的に評価するという作業は、加害行為の種類（取引的不法行為か事実的不法行為か）や、その態様（故意か過失か等）を勘案しながら個別に行うこととして、その解 釈準 則を固めていくのが適当である。

【一口メモ：主婦労働の価値】

　主婦が交通事故に遭った場合、その逸失利益をどう考えれば良いだろうか。あくまで、家族のために労働する事実的行為であって、シャドウ・ワークとして経済評価に馴染まないという考え方がある。しかし、主婦の家事労働は、経済的に考えれば、市場労働を放

棄した「放棄所得」あるいは「機会費用」（放棄或いは失われた機会が生み出すであろう価値）よりも高いと考えれば、主婦の逸失利益は、基本的に市場に於ける女子の平均賃金を超えるものでなければならない（最判昭和49・7・19民集28巻5号872頁）。ただ、主婦の中には、ていねいに拭き掃除をする人もいれば、ささっと丸く履くだけですませて、あとはテレビを見ている人もいる。さらには、ふだん「寝たきり」の配偶者ともなると、逸失利益を観念すること自体が困難であり、存在そのものが一定の価値を意味していると考えねば、賠償額はゼロとなる可能性もあり、主婦の存在というものを改めて考えてみる必要がある。

過失相殺・損益相殺　以上のようにして得られた損害額は、被害者（あるいは被害者側）の過失を斟酌して減額され得るほか（722条Ⅱ項：過失相殺）、加害行為に起因する利益が被害者に生じている場合には、これを差し引き計算して精算する（「損益相殺」という）。損益相殺に関する明文はないが、709条にいう「損害」が、損益相殺後の賠償すべき損害内容をさすものと解されよう。

共同不法行為　加害者が複数の場合には、損害賠償について連帯して（正確には不真正連帯）責任を負う（719条）。この共同不法行為については、加害者間に意思的連絡がある場合だけでなく、判例上、客観的な関連共同があれば良いとされている。また、同時に発砲して、どちらの銃弾が被害者を負傷させたか分からないような場合も共同不法行為となる（719条1項後

段）。教 唆者・幇助者についても同様である（同条 2 項）。

2）他人の行為についての責任

　以上のような不法行為責任を負うには、それに相応しい責任能力（＝不法行為能力）が要求され、かかる責任能力のない小さな子供（12 歳程度以下）や精神上の障害によって自分の行為についての責任弁識能力がない者の加害行為については、その監督者が、その監督義務を怠ったことを理由に、行為者本人に代わって責任を負う（714 条）。他人の加害行為について責任を負う場合として、民法は、**責任無能力者の監督義務者責任**のほかに、「ある事業のために他人を使用する者」についても定める（715 条：**使用者責任**）。ローマ法における「善良なる家父」の監督上の責任や、加害者を相手に引き渡す「加害者委付」に代わる損害賠償、贖罪金の支払いに通ずるものがある。被用者が事業の執行に際して他人に損害を与えた場合、（被用者自身が不法行為責任を負うことはもちろんとして）、そのような事業から利益を上げている使用者も同時に責任を負うべきであると考えられたからである（一種の**報償責任**：「利益のあるところに危険あり」）。賠償金を支払った使用者は、最終的に、被用者に求償できるから（715 条 3 項参照）、加害者本人に代わる一種の代位責任とも言えようが、危険な状態や劣悪な就労環境で、被用者に事業を敢行させたような場合を想像すればわかるとおり、純粋な代位責任とばかりもいえず、少なくともその損害発生への寄与の一端には使用者自身の責めに帰すべき部分もある。そこで判例上、求償権は信義則上、一定範囲で制限されている。理論的には被用者からの「逆求償」も認めて然るべきであろう。いずれにしても、被用者無資力のリスクを、被害者ではなく、使用者が負うこ

とになる点が重要である。不法行為責任においては、自己責任が貫徹されていないことになるが、むしろ損害発生危険の適切な分配こそが重要な課題なのである。

国家賠償責任 なお、公務員の不法行為については、国家賠償法に特別規定があり（国賠1条）、国や地方公共団体にはその責任を免れる免責事由が認められていないだけでなく、加害者である公務員への求償も、「故意または重大な過失があったとき」に限定されているのが特徴である。

3) 危険な工作物、動物によって生じた損害についての責任

土地工作物の占有者・所有者、動物の占有者・保管者は、そこから発生した損害について、設置・保存についての管理義務の懈怠を理由に賠償責任を負う（717条、718条）。**工作物責任**は、一種の**危険責任**であり、**工作物占有者**は、損害発生を防止するのに必要な注意を尽くしたことを立証できなければ責任を免れない（過失＝工作物の保管にかかる注意義務の懈怠の存在を推定して立証責任を占有者側に転換した「**中間責任**」である）。実務上、占有者らが管理義務を尽くしたことの立証は非常に困難であるばかりでなく、特に土地工作物の所有者の場合には、免責事由がないことにも注意が必要である（**無過失責任**）。もちろん、真に原因を与えた者が他にいる場合は、占有者・所有者から更に求償していくことができる。要は、被害者に真の原因者を探索するコストと回収不能リスクを負わせるべきでないとの配慮に基づくものといえよう。なお、公の営造物（道路・河川・公的な施設・建造物など）については、その設置・管理に瑕疵があった場合について、国賠2条に特別規定がある。

4) 特別法上の不法行為責任

　今日では、いくつかの特別法（重要なものとして、失火責任法、自動車損害賠償保障法、国家賠償法、原子力損害賠償法など）によって、民法上の原則の修正が施されている。人間によるコントロールに限界がある問題領域が増えればふえるほど、不法行為法は個人の領域から社会全体の負担分配の問題へと展開する。とりわけ、そこでは、保険制度が重要な機能を営むことになる。こうして、不法行為法は、加害者に対する制裁から、被害者の救済、そして保険を介在させた損失の公正な分担問題へと進展している。ただ、求償問題まで、視野に入れたときには、やはり個人としての社会的行為規範や義務の問題、ひいては、「いかなる理由に基づいて誰が最終的に損害を負担すべきか」という「帰責」の正当化の問題を避けて通るわけにはいかない。

第 5 節

家族の法

1 家族関係と身分法 ● ● ●

（1）家 族 法

　民法第4編は「親族」という表題が付けられており、人の身分関係の基本となる親族のあり方が規定されている。第5編の「相続」と合わせて、家族法あるいは身分法と呼ぶ。もっとも、相続法は、遺産の承継・帰属をめぐって利害対立する者の法律関係を調整する法でもあるから、むしろ一般の財産法に近い。

家族は弱い構成員を守る繭

　民法は、基本的に「個人」を中心にその権利義務関係を明らかにするものであるが、親族・家族といった身分関係は、事実として社会の核となる基盤を形成し、一方で子供や高齢者を保育・扶養し、支援・保護するシェルターとなり、他方で、相続による財産承継の担い手とも深く関わる。わけても、「家族」という共同体は、未成熟子の「繭」となってこれを保育することを最重要の課題とする社会的構成単位である。

法は家庭に入らず？

「法は家庭に入らず」という言葉が示すように、通常の場合、夫婦・親子などの家族関係は、法とは無縁の 情 緒や愛情の世界にあって、しかも強力な当事者自治が妥当しているように見える。しかし、ひとたび家族関係が破綻したり、抜き差しならない利害対立が生じている 局 面では、やはり法による解決が必要である。そして、家族に中にある 弱 者（幼児・老人・女性など）を理不尽な暴 力 や抑圧から守ることは、国家の責務でもあろう。児 童 虐 待防止法や DV 防止法はいうまでもなく、福祉国家思想の台頭もあって、今日の家族法は、生活保護法、児童福祉法、母子福祉法などの社会保 障 法とも深い関わりを持つ。

個人の尊厳と両性の本質的平等

また、家族法においては、憲法 24 条が、婚姻の自由と家族生活における個人の尊厳・ 両 性の 平 等を宣言していること、これを受けて、民法 2 条が、民法典の規定は個人の尊厳と両性の本質的平等を旨として解釈すべきことを規定していることに特に 留 意しなければならない。ジェンダーフリーの家族においては、LGBT に対する配慮も欠かせない。家族法の世界は、世界的にもますます平等化と自由化そして多様化が進展している。

（2） 親　　族

親族と親等

「親族」は、配偶者・六親等内の血族・三親等内の姻族によって構成される（725 条）。もっとも、民法が中心に考える親族的身分関係が夫婦と親子であることは言う

【親族関係図】

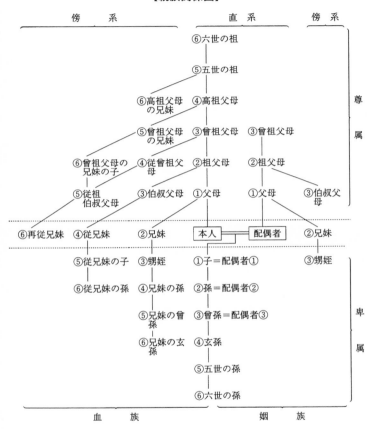

1．数字は親等を示し，すべて本人から見た場合である。
2．兄妹は兄弟姉妹の略である。
3．兄妹・甥姪・伯叔父母の配偶者は，それぞれ二親等・三親等・三親等の姻族である。
4．伯叔の区別は，父母・祖父母より年齢の上のものが伯，下のものが叔である。

までもない。ここでいう「親等」は親族間の世代数で、共通の祖先にあたる人まで遡り、そこからまた下ってくるという方法で計算するもので（726条1項、2項）、親族関係の遠近を図る尺度である。したがって、親子は一親等、兄弟姉妹は二親等、叔父叔母は三親等、従兄弟は四親等となる。「姻族」は、血縁にある者やこれに準ずる者（自然血族・法定血族）と異なり、自分の配偶者の血族および、自分の血族の配偶者をいい、その親等計算は、自分の配偶者を橋渡しにして（夫婦を一体として）計算する。たとえば、配偶者の兄弟姉妹は姻族二親等となる。なお、配偶者は血族でも姻族でもなく、本人と配偶者の間に親等はない。

血族における尊属・卑属　血族には直系・傍系の区別がある。直系血族の関係は、親と子、祖父母と孫のように、いずれか一方が他方の子孫である場合の関係であり、傍系血族の関係は、ある人とその兄弟姉妹のように両者が共同の祖先の子孫である関係である。あまり適当とは思われない表現であるが、血族の内で、父母・祖父母などのように世代が上の者を尊属、子・孫のように世代が下の者を卑属という。たとえば祖父母は直系尊属、叔父叔母は傍系尊属、子・孫は直系卑属、甥姪は傍系卑属である。単に、直系尊属・直系卑属というときは、姻族を含まない。尊属・卑属の呼び名は、そろそろ辞めた方がよい。

体外受精と親子関係　体外受精によって生まれた子の親子関係はどうあるべきか。母子の親子関係は、分娩の事実によって生ずるとされるが（最判昭和37・4・27民集16

巻 7 号 1247 頁）、父と子は婚姻外の子［非嫡出子］に関しては「認知」が必要である（779 条）。もっとも、最近では「借り腹（代理出産）」で生まれた子について、真の母子親子関係を認めてほしいとの要望がある（最判平成 19・3・23 民集 61 巻 2 号 619 頁［消極］）。明確な基準によって親子関係を早期に一義的に確定することによる「子の福祉」を最優先すべきではあるが、母親についても「認知」の可能性を開いておく必要があるのかも知れない。特別養子縁組みの可能性もあるため、問題解決には、おそらく立法的解決が必要である。

（3）氏と戸籍

氏 　戦前の家族法では、氏は「家」制度と強く結びついていたが、現行法における氏は個人の識別名称でしかない。あるカップルが結婚すれば、一方の氏を変更して夫婦同氏となり（750条）、離婚によって旧氏・旧姓に復し（767 条 1 項。但し、同条 2項）、配偶者のとの死別の場合は自らの意思で旧氏・旧姓に復することができる（751 条 1 項）。選択的夫婦別姓は、かねてより立法的課題とされているが、制度の背後に潜むイデオロギーを巡っての不毛の論争があり、未だ実現していない。結局、問題を子の姓に先送りすることになりそうではあるが（学校などで兄弟の苗字が違うと差別的に扱われたり、子供の間での一体感が失われるのではないかとの懸念があるらしく、同一姓が使用されることが多いと言われる）、個人のアイデンティティーに関わることでもあり、今現在の夫婦それぞれの姓の利用に対する選択権を優先的に考えてはどうだろうか。

第 5 節

家族の法

子の氏と名　子は、出生によって親の氏を称する（嫡出子は両親の氏、非嫡出子は母親の氏。790条）。子が父又は母と氏を異にするときは、子は、家庭裁判所の許可を得て、その父又母の氏を称することができる（791条1項）。たとえば、両親が離婚して母親に養育されているが氏が父親と同じであるような場合、母の氏に変更することができる。

　なお、氏は単なる識別呼称であって、その異同と実体的効果が連動するものではない点には注意を要する。たとえば、母が離婚して復氏したために子と氏を異にすることになった場合も、親子の権利義務関係に変化はなく、相続についても、親子として相続し相続される。

【一口メモ：「悪魔ちゃん」事件】

　1993年8月、東京都昭島市役所に「悪魔」と命名された男児の出生届が提出された。市役所は「悪」も「魔」も常用漢字の範囲内であることからこれを受理したが、受理後に戸籍課職員の間で疑問が出て、法務省に本件の受理の可否に付き照会した。法務省から「問題ない」との回答があったため受理手続きに入ったが、後日、「子の名を『悪魔』とするのは妥当でなく、届出人に新たな子の名を追完させ、追完に応じるまでは名未定の出生届として取り扱う」旨の指示が出された。そこで、市役所は受理手続きを完成させず、戸籍に記載された名欄の「悪魔」の文字を誤記扱いとして抹消し、夫婦に対して別の名前に改めるよう指導した。父親は、東京家庭裁判所八王子支部に不服申立てを行い、市と争った結果、1994年2月1日に家庭裁判所が「受理手続きを完成せよ」との判断を下し、

164

父親の申立てが認容された。市は即時抗告したが、申立人である父親が不服申立てを取り下げ、その後、別の名前で届出が受理され、この騒動は終了した。ちなみに、最終的な届出名は「亜駆（あく）」とされたが、文字を分解すると「亜区馬」となる。ギリギリの妥協点だったようである。親の命名権濫用も取り沙汰された貴重な事件である。

　ちなみに、新聞報道（読売2021・8・1）によれば、法務省は戸籍上の使命に読み仮名も載せる方針に関して、登録した読み仮名を変える場合は、原則として、家庭裁判所の許可を得る必要があるとすることを検討中という。読み仮名選びでは、公序良俗に反しない者や慣用的な漢字の読み方などに沿うように求める案があるという。近年増えている「キラキラ・ネーム」の扱いも一つの論点となるらしい。それにしても、「男」で「アダム」と呼ばせたり、「一心」で「ピュア」と呼ばせようとするのは、いかがなものか。名前の持つ機能を考え直す必要がありそうである。名前を呼ばれる人のことも考えた方がよい。

戸籍制度　　戸籍は、日本国民としての身分登録制度であり、これによって家族関係を記録し公示する。戸籍の所在する場所を「本籍」という。本籍は現実の生活の本拠（住所）とは必ずしも一致しない。戦前の戸籍は「家」を単位とし、「戸主」を中心に一戸ごとに編成された。しかし、現行法では、戸籍は個人の家族関係を公示するものに過ぎず、便宜上、一つの夫婦およびこれと氏を同じくする子ごとに一個の戸籍が編成されている（戸籍6条、18条）。子が婚姻すると、男女を問わず、親の戸籍から脱して

新戸籍が編成される。また、婚姻をせずとも、子（非嫡出子・養子）を持てば、その親子のために新戸籍が編成される。一夫婦一戸籍（戸籍法6条、16条）、親子同一戸籍（戸籍法18条）、三代同一戸籍禁止（戸籍法16条、17条）、同氏同籍（戸籍法6条、16条、17条、18条）といった考え方を基礎に編成されているわけである。戸籍は、現実の生活の本拠である住所のある市町村で住民登録された「住民基本台帳」と連結されることで、世界的にもきわめて完成度の高い身分登録システムとなっている。ただ、そろそろ、一人一戸籍を考えても良い時代ではあるまいか。

（4）裁判所の関与

家庭裁判所　家族法の領域で、紛争処理の中心機関となるのは家庭裁判所である。裁判所で扱われる親族・相続その他の家庭に関する事件は、大きく訴訟事件と家事審判事件に分かれ、訴訟事件には、婚姻無効や離婚等に関する人事訴訟事件（人事訴訟法2条に掲げたもの）とその他家族内の民事訴訟事件がある。他方、家事審判事件には、成年後見開始のように裁判所が公的立場で決定しなければならないような性質の事項を扱う甲類審判事件と、夫婦同居のように当事者の協議や合意で決める性質の事項を扱う乙類審判事件があり、それぞれ家事審判法9条に列挙されている。このうち、人事訴訟事件、乙類審判事件、その他一般に家庭に関する事件は家事調停の対象となり（家事審判法17条）、調停前置主義が採用されている（乙類審判事件は必ずしも調停前置ではないが、実際には調停に付されることが多い）。裁判で、厳密に法に拘束され、より実情に即した解決を図って当事者の合意を調達すること

が相応しい場合が多いからといわれる。調停が成立すると、その調停調書の記載内容は確定判決・確定審判と同一の効力を有する（家審 21 条 1 項）。調停が不成立に終わった場合、審判事件は審判申立があったものとして処理され、訴訟事件については普通裁判所への訴えの提起が可能である（家事審判法 26 条）。ちなみに、日本における離婚の 9 割は当事者間での「協議離婚」、残りの 9 割が「調停離婚・審判離婚」、そして最後の 1 ％が「裁判離婚」であると言われている。

2　婚　姻　●　●　●

(1)　婚姻の成立

法律婚主義と婚姻の成立要件

婚姻は、男女の終生にわたる継続的・人格的結合である。民法は、法律婚主義をとり、婚姻の成立には実質的要件と形式的要件が必要とされている。実質的要件としては、①男女が自由な意思に基づいて婚姻を合意すること、②両者が婚姻適齢（男 18 歳、女 18 歳）に達していること（731 条。2017 年 4 月から婚姻適齢も 18 歳で男女がそろう）、③重婚（732 条）・近親婚などでなく（734 条～736 条）、④女性の再婚の場合に再婚禁止期間内でないこと（733 条）などが求められる。他方、形式的要件としては、戸籍法上の届出をすること（739 条、戸籍法 74 条）が必要である。婚姻意思および届出を欠く場合、婚姻は無効であり、その他の実質的要件を欠く場合は、裁判上取り消すことのできる婚姻となる（742 ～ 747 条）。なお、婚姻取消判決は遡及効を持たないため、結果的には離婚判決と異ならない（748 条）。

女子の再婚における待婚期間　女性の再婚における待婚期間は、父性推定（772条）が二重に及ぶのを避けるためであるが、かつての 6 ヶ月は長きに過ぎ、事実婚を阻止することもできないため議論の多い規定であった。そこで、再婚禁止期間は、100 日に短縮された（新 733条）。

内　縁　届出だけを欠き、男女が実質的婚姻関係にある状態を「内縁」あるいは「事実婚」という。かつては、結婚したくとも戸主の反対で婚姻届が出せなかったり、子供が生まれるまで入籍させない慣習があるなど、（とくに女性が）内縁状態での不安定な地位におかれることがあり、一方的な追い出しから女性を保護するためにも、内縁の効果を婚姻に近づける議論（内縁準婚理論）が有力に主張された。しかし、最近では、そのような婚姻障碍が制度的に考え難いとすると、むしろ法律婚を回避しようとする当事者の意向をこそ尊重すべきであり、内縁準婚理論はその役目を終えつつある。むしろ、今日的問題は、同性カップルや重婚的内縁の適切な処遇である。

【一口メモ：婚姻と同性婚】

　民法は「婚姻」について、「両性の」合意に基づく継続的な結合を前提としており、同性婚を認めていない。しかし、LGBTQ をめぐっての昨今の動向は、公的に「パートナーシップ制度」を認めるなど、同性婚に対しても積極的な意見が多い（辻村みよ子他『概説ジェンダーと人権』（信山社、2021）参照）。札幌地裁令和 3・3・17 は、北海道の同性カップル 3 組が国を相手取って損害賠償を求

めた事件で、「不合理な差別で法の下の平等に反する」と初めての違憲判決を下した。但し、国の立法不作為までは認めず、賠償請求は棄却した。さらに、第三者の精子を使っての体外受精によって子をもうける行為について、民間の「精子バンク」を利用して、未婚女性が子を得ることや、外国の「代理母」によって子を得ることなども行われており、親子関係の形成についても議論がある。性の多様性、夫婦関係の多様性を認める動きは、家族の在り方についての社会的認識にも大きな変化を及ぼしつつある。個人の性的指向も「個性」として認め合う社会の到来は近い。

(2) 婚姻の効果

夫婦間の義務　　夫婦は、婚姻の際に定めるところに従って夫又は妻の氏を称する（夫婦同氏。750条）。夫婦は、互いに貞操義務（770条1項1号参照）、同居・協力・扶助の義務を負い（752条）、資産・収入その他の事情に応じて婚姻から生ずる費用を分担する（760条）。夫婦の財産は、婚姻前に夫婦財産契約を締結して登記した場合を除いて［登記される例はほとんど無い］、各自で自己の財産を所有・管理し（夫婦別産制）、所属不明のものは夫婦の共有と推定される（762条）。我が国では、現在でも夫婦が協力して得た収入も夫名義の預貯金や不動産とする例が多く、形式的な別産制には問題が多い（昭和55年の配偶者の相続分引き上げの背景にはこのような事情についての配慮もあった）。

【一口メモ：夫婦別姓問題】

　　最高裁判所は、令和3・6・23大法廷判決で、夫婦同姓制は憲法

14条1項、24条、98条2項に違反しないと判断し、民法750条や戸籍法74条1号を合憲と判断した。この問題は、最大判平成27・12・16民集69巻8号2586頁の合憲判決を含めて、長く議論されているが、女性の有業律の上昇や社会的意識変化を背景に、姓が個人の呼称の一部として定着している現在、「家族」の保護や一体を理由に、別姓選択の可能性を否定する議論は、あまり合理的とは思われない。仮に、多数国民が同姓を選択しているとしても、別姓を希望する少数カップルの意向や選択の自由を否定する理由にはならない。同判決における、三浦裁判官の意見、宮崎・宇賀裁判官の反対意見には説得力がある。

日常家事債務　日用品の購入・家事・育児など、夫婦の一方が日常の家事に関して第三者と契約するなどして生じた債務は、夫婦の連帯債務となる（761条）。何が「日常家事債務」にあたるかは、夫婦の生活実態が大きく影響し（大金持の夫を持つジャックリーン・オナシス氏の購入したミンクのコート代金はどうか）、しばしば難しい解釈問題となる（最判昭和44・12・18民集23巻12号2476頁など）。日常家事債務が連帯債務となることから、その限りで、双方が法定代理権を持っていることになろうが、そこでの表見代理の可能性は安易に語るべきではない。

夫婦間の契約取消権　夫婦間の契約は、婚姻中はいつでも一方から取り消すことができるとされている（754条）。妻に対する溺愛や夫の威圧による贈与を想定した規定であるが、そもそも溺愛からの贈与も取り消す必要はなく、強迫によ

る贈与は婚姻中であろうがなかろうが取り消せるはずであるから、立法としてあまり合理的なものとは思われない。少なくとも破綻にひんしているとき結ばれた契約は取り消せないとされている（最判昭和42・2・2民集21巻1号88頁）。

相続・財産分与など　以上は、婚姻の一般的効果であるが、実は婚姻の効果の最も重要なことは、婚姻によって配偶者相続権や配偶者居住権が生じること（890条）、関連して、離婚の際に財産分与請求権が発生すること（768条）、そして婚姻男女の間に生まれた子が「嫡出子」となる点である（後述）。

（3）　婚姻の解消

婚姻は配偶者の死亡と離婚よって解消される。

配偶者の死亡　配偶者が死亡すると夫婦関係は当然に終了する。したがって、生存配偶者の再婚も自由になる（但し733条）。生存配偶者と死亡した配偶者の血族（舅姑）との間の姻族関係は当然に終了するわけではないが、生存配偶者は、いつでも姻族関係終了の意思表示をすることによって（戸籍の届出につき戸籍96条）、これを終了させることができる（728条2項）。しかし、姻族関係終了後も、根人はできない］（735条第2文）。また、生存配偶者は婚姻前の氏に復することもできる（751条1項）。

離　婚　離婚には、協議離婚と裁判離婚の方法がある。

協議離婚　　まず、夫婦は協議によって合意の上、離婚することができる（763条）。かつては離婚に対して社会的に否定的な評価が強かったが、最近では、むしろ破綻したカップルを強いて拘束的関係に置くよりも、それぞれの生き方を選択することが望ましいと考えられるようになった。協議離婚の場合、離婚原因のいかんを問わず離婚届を出すことによって離婚が成立する。勝手な一方的な離婚届けの問題は残っており、これに対処する離婚意思の確認制度の創設が望まれているが、さしあたりは不受理申出制度を用いて対処するほかない。適切な離婚給付の確保も、課題の一つである。

調停離婚・審判離婚・裁判離婚　　合意が成立しない場合には、家庭裁判所の調停（家事審判法17条）、審判（同法24条）、あるいは普通裁判所の判決（人事訴訟法2条1号）による。17条調停および24条審判では厳格な離婚原因は要求されないが、判決手続で離婚が争われる場合には、民法770条1項の定める離婚原因が存在しなければならない。

離婚原因　　離婚原因としては①不貞な行為、②悪意の遺棄、③3年以上の生死不明、④回復の見込みのない強度の精神病、⑤「その他婚姻を継続しがたい重大な事由があるとき」が規定されている。これらの離婚原因の意味するところは、要するに、回復困難なほどに婚姻関係が破綻している状態であることである（破綻主義）。

破綻主義　もっとも、判例は、早くから、破綻を招いたことについて有責な配偶者は自ら離婚請求することはできないとの態度を示した（最判昭和 27・2・19 民集 6 巻 2 号 110 頁：消極的破綻主義）。身勝手な追い出し離婚を牽制する趣旨である。しかし、その後、婚姻が形骸化していること、離婚によって子の福祉が害されないこと、離婚によって相手方配偶者の経済的窮地が放置されないことの 3 要件が満たされる場合に限り、有責配偶者からの離婚請求も認める方向に転じた（最判昭和 62・9・2 民集 41 巻 6 号 1423 頁）。具体的事情にも左右されようが、最近の傾向は、大きく積極的破綻主義の貫徹に向かっていると言えよう。

【一口メモ：踏んだり蹴ったり判決】

　かつて裁判離婚では、婚姻破綻の原因が離婚請求をする側にあるような場合について、最判昭和 27・2・19 は、「上告人は上告人の感情は既に上告人の意思を以てしても、如何ともすることが出来ないものであるというかも知れないけれども、それも所詮は上告人の我儘である。結局上告人が勝手に情婦を持ち、その為め最早被上告人とは同棲出来ないから、これを追い出すということに帰着するのであって、もしかかる請求が是認されるならば、被上告人は全く俗にいう踏んだり蹴ったりである。法はかくの如き不徳義勝手気儘を許すものではない。道徳を守り、不徳義を許さないことが法の最重要な職分である」と述べた。このような立場を、消極的破綻主義という。しかし、その後最判昭和 62・9・20 では、「有責配偶者からされた離婚請求であっても、夫婦の別居が両当事者の年齢及び同居期間との対比において相当の長期間に及び、その間に未成熟の子が存在

しない場合には、相手方配偶者が離婚により精神的・社会的・経済的に極めて苛酷な状態におかれる等離婚請求を認容することが著しく社会正義に反するといえるような特段の事情の認められない限り、当該請求は、有責配偶者からの請求であるとの一事をもって許されないとすることはできないものと解するのが相当である」として、積極的破綻主義に転じた。その結果、[1] 別居期間が年齢や同居期間と対比して相当の長期間といえること、[2] 夫婦間に未成 熟 子（親から独立して生計を営むことができない子）がいないこと、[3] 離婚により相手方配偶者が苛酷な状況に陥るなど、離婚を認めることが著しく社会正義に反するといえるような特段の事情がないことを条件として、有責配偶者からの離婚請求を認めるに至っている。

離婚に伴う問題 離婚に際しては、離婚 給 付の問題と、子の引渡しをめぐって深刻な問題が顕在化する。概して低額な離婚給付を充実させることと、未成熟子の養育がきちんとできるような手当てが必要である。「子の奪い合い」もまた深刻な問題であるが、早急な取り戻しのために、人身保護法が利用されることもある（最判平成 5・10・19 民集 47 巻 8 号 5099 頁）。親権者の確定により、速やかで実効的な子の引き渡しが可能となるよう制度的工夫が求められている。離婚後の面接交 渉 権についても、課題が多い。

3 親　　子 ● ●　●

子には、生物的親子関係にある実子と、縁組によって親子となった養子がある。実子には、さらに 嫡 出 子と非 嫡 出 子の区別がある。

(1) 実 子

嫡 出 子　　実子のうち嫡出子は正式の夫婦間の子であるが、妻の産んだ子が必ずしも夫のことは限らない。その認定が困難な場合に備えて、民法は、妻が婚姻中に懐胎した子は夫の子と推定し、また、婚姻成立の日から 200 日後もしくは婚姻解消後 300 日以内に生まれた子は婚姻中に懐胎したものと推定している（772 条）。これを嫡 出 推定という。この 300 日という期間については、現在では多くの疑問が投げかけられている。嫡出推定を受ける子の嫡 出 性を否認できるのは夫のみであり（774 条）、しかも、夫が子の出生を知った時から 1 年以内に子又は親権を行う母を相手取って嫡 出 否認の 訴えを提起しなければ否認できなくなる（775 条、777 条）。子に安定した親子関係を用意するためである。

　しばしば、内縁関係が先行して、婚姻届後 200 日を経ないで子が出 生することがある。そのような場合、原則として嫡 出 子としての推定を受けないが（最判昭和 41・2・15 民集 20 巻 2 号 202 頁）、このような子も、事実上は夫の子と推定とされている。他方、婚姻中のでも夫の出 征中に懐胎した子や、婚姻解 消後 300 日以内に出生した子であっても、母と前夫が届出より何年も別居して事実上の離婚状態にあったような場合は「推定を受けない嫡 出 子」として、親子関係不存在確認の訴えによって父子関係が争われうる（最判平成 10・8・31 家月 51 巻 4 号 71 頁）。

(2) 非嫡出子

　非 嫡 出 子とは、婚姻関係にない男女の間に生まれた子（婚外子）である。非嫡出子の母子関係は、通常、分娩の事実から明らか

であるが（もっとも、代理母などの生殖補助医療が進むと母の認知も問題たりうることは既に述べた）、父子関係は父の認知をまって生じる（779条、戸籍60条以下）。嫡出の推定を受けない子も認知によって父子関係が成立し、父母の婚姻で嫡出子としての身分を取得する（これを準正という。789条）。ひとたびなされた認知は、取り消すことができない（785条）。父親が任意に認知すればよいが、そうでない場合は子の側から認知の訴えを起こすことができ（強制認知）、父の死亡後でも3年以内は認知の訴を提起できる（死後認知）。死後認知は戦時中に追加された制度である。認知がなされても、子は母の氏を称し、家庭裁判所の許可を得て父の氏に変わることができるにとどまる（790条2項、791条）。

嫡出でない子の相続分　扶養義務は、父母が応分に負担すべきものとされ、嫡出子と非嫡出子でその法的地位に大差はないが、相続については、かつて非嫡出子の相続分が嫡出子の半分とされていた（旧900条4号但書）。しかし、後に最高裁大法廷判決によって憲法違反とされたことに伴い（最大判平成25・9・4民集67巻6号1320頁）、平成25（2013）年改正で平準化が果たされた。

【一口メモ：最判平成25・9・4】
　「昭和22年民法改正時から現在に至るまでの間の社会の動向、我が国における家族形態の多様化やこれに伴う国民の意識の変化、諸外国の立法のすう勢及び我が国が批准した条約の内容とこれに基づき設置された委員会からの指摘、嫡出子と嫡出でない子の区別に

関わる法制等の変化、更にはこれまでの審判例における度重なる問題の指摘等を総合的に考察すれば、家族という共同体の中における個人の尊重がより明確に認識されてきたことは明らかであるといえる。そして、法律婚という制度自体は我が国に定着しているとしても、上記のような認識の変化に伴い、上記制度の下で父母が婚姻関係になかったという、子にとっては自ら選択ないし修正する余地のない事柄を理由としてその子に不利益を及ぼすことは許されず、子を個人として尊重し、その権利を保障すべきであるという考えが確立されてきているものということができる。」

　非嫡出子には罪はないこと、個人の尊重などの判断は理解できるが、嫡出子家族の、被相続人の財産形成への寄与の程度を考えると、判断は微妙である。最判平成7・7・5の大法廷判決以来の最高裁の判断の変遷にも注意が払われるべきである。

(3) 養　　子

　養子関係は縁組の届出によって成立する（799条→739条）。**養親**となることができるのは20歳に達した成年者のみであり（792条）、尊属・年長者を養子とすることはできない（793条）。配偶者のある者が未成年者を養子とする場合は、原則として配偶者とともにしなければならない（795条。**夫婦共同縁組**）。養子は、縁組の日から養親の嫡出子の身分を取得する（809条）。養子となる者が15歳未満の場合、その法定代理人が本人に代わって縁組みの承諾をすることができ、これを**代諾縁組**という（797条）。未成年者を養子とする場合は、代諾縁組の場合か否かを問わず、原則として家庭裁判所の許可が必要である（798条本文。いわゆる「連れ子養子」の場合

は、このかぎりでない）。未成年養子は、あくまで子の福祉のために
なされるべきであり、この点を裁判所に吟味させようというもので
ある。ただ、成年者を養子にすることも認められている。成年養子
は、養親の老後の監護や死後の財産承継を意図して行われること
が多い。

藁の上からの養子　ちなみに、我が国では、かつて、他人の産
んだ子をいきなり自分たち夫婦の嫡出子と
して届け出るという、いわゆる「藁の上からの養子」の例が少なく
なかった。戸籍上、養親子であることを秘して真実の親子であるか
のようにしておこうというわけである。かかる虚偽の嫡出子出
生届によって嫡出親子関係が生じないことはいうまでもないが、
判例は、一貫して養親子関係も生じないとしている（最判昭和25・
12・28民集4巻13号701頁、最判昭和50・4・8民集29巻4号401
頁、最判平成9・3・11家月49巻10号55頁）。養子とする意図で認
知をする場合も同様であり（最判昭和54・11・2判時955号56頁）、
総じて裁判所は無効な虚偽の届出の転換（無効行為の転換）を認め
ず、厳格に処理している。子の保護を目的とする家庭裁判所の許可
要件の潜脱を招くことにもつながる虞があるからといわれる。

特別養子縁組　なお、1987（昭和62）年に、6歳未満の子に限
り、実親との関係を断絶させた上での養子縁組
を可能とする特別養子制度が新設され、この問題を大きく前進させ
た（817条の2以下）。この場合、実方との親族関係は、原則として
断絶される（817条の9）。しかし現在では、代理母や生殖補助医

療の進展を踏まえて、さらに検討を要すべき問題が少なくない。なお、養親子関係は離縁によって終了する（811条以下。特別養子の場合は子の利益のために厳格な要件に服する［817条の10］）。

【一口メモ：菊田医師事件】

　K医師は、中絶の時期を逸しながらその施術を求める女性に対し、勧めて出産をさせ、その嬰児を子供を欲しがっている他の婦女が出産したとする虚偽の出生証明書を発行することによって、戸籍上もその婦女の実子として登載させ、嬰児をあっせんする、いわゆる赤ちゃんあっせん行為を行ってきた。昭和48年4月新聞等を通じてこのことを公表するまでにあっせんした数は約100件に及んだ。実子あっせん行為についての問題点が指摘されたことなどから、K医師は、昭和49年3月、指定医師の団体である社団法人日本母性保護医協会の全理事会において、今後実子あっせん行為は繰り返さない旨言明したが、その後も、中絶時期を逸したにもかかわらず中絶を望む妊婦は、胎児ないし嬰児に対して強い殺意を抱いているので、K医師提唱のいわゆる実子特例法が制定されるまでは、実子あっせん行為は嬰児等の生命を救うための緊急避難行為であるとしてこれを続け、結局、昭和48年4月以降更に約120件の実子あっせん行為をした。そのうちの一例である昭和50年12月にした実子あっせん行為につき、K医師は、昭和52年8月31日付で愛知県産婦人科医会長から医師法違反の嫌疑により仙台地方検察庁に告発され、昭和53年3月1日仙台簡易裁判所において、医師法違反、公正証書原本不実記載・同行使の罪により、罰金20万円に処する旨の略式命令を受け、この裁判は正式裁判に移行することなく確定

した。この事件は、昭和 62（1987）年の特別養子制度の立法につながった（同法は 2019 年にも改正され、縁組の対象年齢が原則 15 歳未満に引き上げられ、2020 年 4 月から施行される）。親のエゴを批難することはたやすいが、むしろ、生まれてくる子の命の尊厳を守りたいということであろう。

（4）親　　権

親権は権利であるよりも義務である

未成年子は父母の親権に服し（818 条）、親は、未成年の子を監護・教育する権利を有し義務を負う（820 条）。嫡出子に対しては、父母が共同して親権を行使する（818 条 3 項）。離婚した後は、離婚の際に定められたところに従って、いずれか一方が親権を行使する（819 条）。非嫡出子については母親が親権者となり、父が認知したときは、父母の協議で父を親権者と定めることができる（819 条 4 項）。子が養子であるときは、養親の親権に服する（818 条 2 項）。ここでいう「権利」は、他者の不当な干渉を排除しうるものではあるが（子の引渡請求など）、むしろ子の監護・教育の義務を遂行して子の生育を支援する優先的資格とでもいうべきものであり、社会に対する親の義務の現れでもある。その意味で、親権は親の子に対する恣意的支配を許すものではなく、居所指定権（821 条）、懲戒権（822 条）、職業許可権（823 条）なども、子の福祉への配慮、「子の権利」の尊重が前提となる。親権者は、監護・教育のほか、子の財産を管理し、子を包括的に代理する権限を有する（824 条）。なお、父母に親権の濫用や著しい不行跡があるときは、家庭裁判所は子の親族又は検察官の請求によって親権喪失を宣

告し、親権を剝奪することができる（834条）。現在では、子供の監護状況が極度に不適切な場合（児童虐待など）、親権喪失が問題となる事例が増加しており、他の親族などが救済の手をさしのべることが困難な場合は、児童相談所の積極的な養育援助と介入が期待されている（児童福祉法33条の6も参照）。児童虐待防止法、児童福祉法の適切な運用が求められる。

未成年後見　親権を行使する父母がいない場合、未成年者には後見人が選任される（838条〜842条）。後見人の職務は親権者とほぼ同様である（857条、859条、なお867条、868条も参照）。その監督は、家庭裁判所がこれを行う（863条）。未成年後見にあっては、「親亡き後の子」の処遇が大きな課題であり、成年後見へと適切に引き継ぐことが求められる。なお、成年後見（後見・保佐・補助）に関しては、制限能力者との関係で説明したので、繰り返さない。

4　扶　　養　● ● ●

（1）私的扶養・公的扶助

扶養とは何か　扶養は、人が自らの資産・労力によっては生活していけない場合に、その生活の資を与えて生活できるようにするもので、民法は、親族間の互助（730条）、夫婦の協力扶助義務（752条）・婚姻費用分担義務（760条）とともに、直系血族・兄弟姉妹相互の扶養義務（877条1項）を定め、特別事情のもとで家庭裁判所が三親等内の親族間にも扶養義務を負わせることができるものとしている（877条2項）。憲法25条の生存権の

理念に基づき、生活困窮者に対して、その最低生活を保障すべく、国家・地方公共団体が生活補助を行う公的扶助も存在するが（生活保護法）、基本的には、まずもって親族による扶養（私的扶養）が求められている（生活保護法 4 条。公的扶助の補充性）。広範囲の親族に私的扶養を求めることは必ずしも現実的でなく、かといって、高齢社会における社会福祉の財政上の限界もあり、公的扶助と私的扶養の関係は多くの難しい問題をはらんでいる。

（2）生活保持義務・生活扶助義務

扶養義務の在り方　夫婦間および親と未成熟子の扶養義務は当然のこととしても、直系血族・兄弟姉妹さらには三親等内の親族の扶養については問題が多い。とくに、扶養の程度をめぐっては議論があり、夫婦・親と未成熟子の間での扶養義務は自己と同程度の生活を維持できるように配慮すべきであるが（これを生活保持義務という）、それ以外の者の間では、余力のある限りで相手方をして最低限度の生活ができるように配慮すれば足りると言われる（これを生活扶助義務という。大津家審昭和 46・8・4 家月 24 巻 11 号 47 頁）。とはいえ、金持ちの親が子弟の教育のために質素な生活をさせることはあり得、叔父・甥だからといって一緒に生活しながら自分たちと違って食事を粗末なものにしてよいというわけにもいくまい。生活保持義務と生活扶助義務は、一応の目安に過ぎない。子による老親の扶養の程度については、生活保護基準によるとした例や（大阪高決昭和 49・6・19 家月 27 巻 4 号 61 頁）、標準生活費によるとした例（神戸家審昭和 48・11・27 家月 26 巻 8 号 63 頁）などがある。

扶養の程度・方法の決定

民法の扶養（877条以下）は、主とし
て生活扶助義務に関する。具体的に
は、扶養を必要とする者から、自分の生活を立てつつなお余裕のあ
る者に対して扶養を請求し、扶養の順位や程度・方法について協議
して定めるが、協議が整わない場合は家庭裁判所の審判によって定
める（878条、879条、家審9条1項乙類8号。その後の事情変更が
あった場合については880条）。扶養義務者が引取扶養を望まない場
合、基本的には、金銭扶養によるほかない。将来の扶養料の一括請
求は、扶養の性質上認められないが、過去の扶養料の請求・求償
は認められている（最判昭和26・2・13民集5巻3号47頁）。なお、
扶養と相続は別個の問題であるが、最近では、寄与分（904条の2）
と結びつくこともあり、遺産分割の際に、ある程度、これを反映さ
せたり条件とする場合も少なくない。親の扶養をめぐって兄弟姉妹
が争い、互いに責任を押しつけ合う姿は悩ましいが、なくならな
い。

第6節

相続の法

1 相 続

　相続制度は、権利義務の帰属点である人が死亡したときに、その遺産を誰にどのように承継させるかを定めるものである。かつての「家」制度の下では、家産の承継が重要な課題で、いわゆる家督相続についても特別な規定があった。しかし、新憲法下では、むしろ個人としての遺産相続が中心課題である。被相続人（死者）は、生前には、自己の財産を自由に処分できたはずであるから、死後の財産の運命についても生前に決めておくことが許されるはずであると考えられる。そこで、原則として、被相続人の最終的な意思が明らかである限り、これを尊重した相続が行われるべきことになる。これが終意処分としての遺言相続である。ただ従来、わが国では、あまり「遺言」が行われず、相続は民法典の規定に従った法定相続が一般的であった。近時、遺言を残すことが増え、少しずつ変化が見られる。本来は、遺言がある場合が先行し、ない場合に法定相続によるため、叙述の順序もそうあるべきであるが、説明の便宜上、法定相続から始めよう。

2 法定相続 ● ● ●

相続の開始 | 相続は、死亡によって開始する（882条）。これによって、相続人は、相続開始の時点から、被相続人の財産に属した一切の権利義務（一身専属のものを除く）を承継する（896条）。積極財産のみならず消極財産である債務も承継される。もっとも、系譜・祭具・墓といった祭祀用財産の所有権は、慣習に従って祭祀主催者（長男など）が単独で相続する（897条）。

（1）単純承認・相続放棄・限定承認

単純承認 | 死亡によって相続が開始するといっても、相続人は、必ず相続に応じなければならないわけではない。被相続人に財産がほとんどない場合や、逆に負債の方が多いような場合、相続人は、必ず相続しなければならないわけではなく、相続の放棄、または、限定承認をすることもできる。さもなくば、債務について無限に責任を承継するおそれがあるからである。しかし、いずれの場合も、相続の開始があったことを知ったときから原則として3ヶ月以内に、家庭裁判所に申述しなければならない（915条1項、924条、938条）。相続人が、この期間内に放棄または限定承認をしなかったときは、単純承認したものとみなされる（921条2号）。その意味では、単純承認が相続の原則的形態である。

相続放棄　　相続人が相続を放棄すると、その相続人は、遺産に属する積極財産も消極財産も全て相続しない。相続放棄した相続人は、その相続に関しては、はじめから相続人とならなかったものとみなされるからである（939条）。したがって、夫婦の一方が死亡して、配偶者と子が相続する場合、子が全員相続放棄すると、配偶者と直系尊属が相続することになる。

限定承認　　相続人が限定承認すると、相続人は相続によって得た財産のみによって被相続人の債務を弁済し、たとえ弁済後に債務が残っても、それ以上の責に任じない。相続人が数人あるとき、この限定承認は全員で共同してのみすることができる（923条）。限定承認がされると、一代限りで相続財産の清算が行われ、限定承認をした者は、公告期間内に申し出た債権者に対して、その債権額の割合に応じて相続財産から弁済をすることになる（929条）。残余の積極財産がでれば、相続人が相続する。

（2）相続人と法定相続分

法定相続人　　法定の相続人の範囲は、生存する被相続人の遺族の組み合わせで異なる。第1順位が子（887条1項。胎児の特例につき886条）、第2順位が直系尊属（889条1項1号）、それもない場合に、第3順位として兄弟姉妹が相続人となり（同2号）、配偶者はこれらの者と同順位で常に相続人となる（890条）。

法定相続分　相続分（相続割合）は、子と配偶者が相続する場合には配偶者1／2・子1／2となり、子が複数いるときは1／2を更に均分する（諸子均分相続。900条1号、4号）。数人の子のうちに死亡していた者があり、その者に子（被相続人の孫）がいるときは、その者は死亡した子が相続するはずであった分を代わって相続する（887条2項。これを代襲相続という）。代襲相続は血族相続権の強さの表れでもある。この場合も、孫が数人あるときは、均分となる。同じ被相続人の子でも、婚姻外の子（非嫡出子）の相続分は、かつて嫡出子の1／2とされていた。この非嫡出子の相続分については、法の下の平等の理念に照らして憲法違反ではないかとされ、2013年に撤廃された。

相続分の表（900条）

第1順位	第2順位
配偶者1／2	子1／2
配偶者2／3	親（直系尊属）1／3
配偶者3／4	兄弟姉妹1／4
	子・親・兄弟姉妹が複数のときは均分。
	半血兄弟姉妹は全血兄弟姉妹の半分。

　次に、子も代襲すべき孫もいない場合には、配偶者2／3・直系尊属1／3の相続割合となり、直系尊属が複数いる場合は1／3を更に均分する（900条2号、4号。被相続人が養子に出ているときは、実親・養親あわせて4人になることもある）。直系尊属もいない場合には、配偶者3／4・兄弟姉妹1／4の割合で相続し、兄弟姉妹

が複数いるときは 1 / 4 を均分する。兄弟姉妹のうちに被相続人と父母の双方を同じくする者（全血の兄弟姉妹）と再婚などで一方のみを同じくする者（半血の兄弟姉妹）があるときは、半血の兄弟姉妹の相続分は全血の兄弟姉妹の相続分の半分となる（900 条 3 号、4号）。兄弟姉妹のうちに死亡した者があり、その者に子（被相続人の甥姪にあたる）がある場合、ここでも代襲相続が行われる（889 条 2 項）。以上のいずれにもあたらず、配偶者のみがある場合は、配偶者が全遺産を相続する。

　以前に比べると、配偶者相続分は 1980（昭和 55）年の改正によって増やされたが、婚姻中の共同財産形成への寄与を考えると、これでも必ずしも充分とは言えない。特に、妻が夫を相続する場面では、預金名義や不動産登記名義が夫の名義になっていることも多いため、残された妻の相続分を考えると、手厚い保護が必要である。

配偶者居住権　被相続人の配偶者が、相続財産である建物に、相続開始時に無償で居住していた場合に遺産分割時に取得する居住についての権利が、配偶者居住権と呼ばれる。平成 30（2018）年改正で新設された。これにより、配偶者は、当該建物を原則として終身にわたって無償で使用できる（1037 条～1041 条）。当該建物取得者は第三者への譲渡などにより、当該配偶者の使用を妨げてはならない。

寄与分・特別受益者　共同相続人中に、被相続人から生前に特別な受益（結婚持参金など）を得ていた者

189

（特別受益者という）がある場合は、その分を相続分から差し引いて相続分を定める（903条）。計算方法としては、いったん相続財産に持ち戻した形で相続割合に応じて分配する。逆に、ある者の特別な寄与によって相続財産が増加していたり、減少を食い止めていたような場合は、あらかじめ遺産からそのような寄与分を差し引いて、寄与者の固有財産とし、しかる後に、残りの財産を相続割合に応じて配分する。この点は昭和55年改正で明文化された（904条の2）。寄与分は、第一次的には共同相続人間の協議で定めるが、最終的には、家庭裁判所が一切の事情を考慮して定める。ただ、寄与分への配慮は共同相続人に限られているため、内縁の妻や事実上の養子のように相続権のない者については、充分な保護になっていない（相続人がいない場合にのみ特別縁故者として相続財産の一部又は全部を与えられるにとどまる。958条の3）。

（3）相続開始から遺産分割へ

遺産共有　　相続人が、具体的な相続財産（宅地・建物・動産・預金など）を取得するプロセスは、およそ次のようなものである。まず、相続が開始し、複数の相続人（共同相続人）がいる場合、相続財産は相続分の割合で共有となる（遺産共有898条）。それゆえ、相続財産の管理・処分は相続分に関しても各相続人が自由にできるというわけではない（251条、252条）。預金のような可分債権は、判例上、当然に分割承継されるといわれるが（最判昭和29・4・8民集8巻4号819頁）、実際には、最終的な遺産分割の時まで、分けるべき総資産がはっきりしないこともあって、共同相続人の共同管理下に置かれる（銀行実務では、二重払いの危険を避

けるため、遺産分割協議が整うまで原則として払戻しに応じないことがあったが、平成30年に分割前でも預金債権の一部について分割取得を認めた［909条の2］)。最終的には、各人の財産として分配されるわけであるが、それまでは相続の目的に従って拘束される。その意味では、共有というより合有に近い。共同相続人の一人が、勝手に自分の財産と偽って処分したような場合、取引の安全との関係で困難な問題を生じうる。

遺産分割協議　相続人は、原則として、いつでも、協議によって遺産の分割をすることができる（907条1項）。この遺産分割協議によって、遺産の最終的帰属者が定まる。遺産の分割は、厳密に法定相続分に合致していなくとも有効である。協議が整わないときは、家庭裁判所が「遺産に属する物又は権利の種類及び性質、各相続人の年齢、職業、心身の状態及び生活の状況その他一切の事情」を考慮して行う（907条2項、906条）。遺産分割がされると、その効力は相続開始時に遡って生じる（909条）。したがって、たとえば遺産の一部であった土地・建物が共同相続人の一人に分配されると、その者は、被相続人の死亡と同時にその所有権を取得したものとして扱われる（遺産分割の遡及効。相続開始後、分割までに登場した第三者との関係では909条但書きの制限がある）。

相続債権者　被相続人の債務はどうか。遺産分割前であれば、債権者は相続財産から弁済を受けることができ、その場合は、共同相続人全員を相手取って請求すべきことになる。他方、これとは別に、各相続人に対しても、その相続分に応じた請

求をすることができると解されている。遺産分割後も、債権者は各相続人にその相続分に応じた請求をすることができ、かりに、遺産分割で共同相続人のうちの一人だけが債務を全額負担する旨の協議が整っていたとしても、このような内部的な取決めで債権者を拘束することはできない（協議は、内部での事後的求償関係でのみ意味がある）。

（4） 相続権侵害と相続回復請求権

相続回復請求権　相続人は相続開始と同時に被相続人の財産を承継する。しかし、実際には、相続欠格者（891 条）のように相続人でないのに相続人らしい外観を有しかつ相続人と僭称して相続財産の占有支配を継続する者（表見相続人）、あるいは、他の相続人の相続分を侵害する共同相続人がある場合、真正相続人はその相続権を侵害されていることになる。そこで、そのような者に対して相続権の確認を求めるとともに相続財産の返還を求めるなどして、侵害を排除し、相続権の回復を求めることができる。これを相続回復請求権という（884 条）。相続回復請求権は、相続権を侵害されたことを知ってから 5 年で時効消滅し、侵害の事実の知不知に関わらず相続開始の時から 20 年で消滅する。相続財産の帰属を何時までも宙ぶらりんの状態にしておくことは望ましくないからである。

（5） 相続人不存在の場合

特別縁故者　相続人が存在しない場合や、存在していても全員が相続放棄したような場合、家庭裁判所は、利害

関係人の請求によって相続財産管理人を選任し、この者が相続財産の精算を行う（952条、957条）。家庭裁判所は、清算後の残余財産の全部又は一部を、被相続人と生計を同じくしていた者（内縁の妻、未認知の子、事実上の養子など）、被相続人の療養看護に努めた者その他被相続人と特別の縁故があった者に与えることができる（958条の3）。これを、**特別縁故者への財産分与制度**という。さらに、共有財産については、他の共有者に持分が帰属する（255条）。このようにして、分与した後になお処分されずに残った相続財産は国庫に帰属する（959条）。

【一口メモ：後法は前法に優先する】

　相続人がいない場合や相続人が全員相続放棄をしてしまうと、相続財産は、そのままでは国庫に帰属してしまう（959条）。しかし、その相続財産が共有目的物である場合には、他の共有者に帰属する（255条）。この共有物の相続に関して特別縁故者がいる場合、他の共有者と特別縁故者のどちらが優先することになるのだろうか（958条の3）。論理的には、いずれが優先する場合も可能であるが、政策的に「縁」の深さを考えた場合、特別縁故者を優先させるべきであろうし、特別縁故者制度の方が立法として後からできたこともあり、ここでは、「後法が前法に優先する」と考えるのが妥当である。

3 遺言相続 ● ● ●

民法第7章は「遺言（いごん）」、第8章は「遺留分（いりゅうぶん）」について規定する。

(1) 遺言と方式

遺言の方式　「遺言（いごん）」は、人が、自分の死後の身分関係や財産関係などの法律関係を定める最終意思（さいしゅういし）の表示である（一般に死後のために言い残す言葉を「遺言（ゆいごん）」ともいうが、法的には「遺言（いごん）」という）。遺言は、一定の方式に従ってのみなされうる（960条）。遺言制度は、被相続人（死者）の最終意思（さいしゅういし）を尊重して、死後における実現をはかるもので、それだけに被相続人の真正（しんせい）の最終意思であることを確認できるよう厳格な方式が要求されている。他人による偽造（ぎぞう）・変造（へんぞう）のおそれがあるためである。確かに、遺言の方式が厳格であることは、遺言者の最終意思を確保する上で、やむを得ないことではあるが、しばしば厳格に過ぎ、せっかくの遺志（いし）を無にする結果となる場合もあり、どこまで方式要件を緩和するかは悩ましい問題である。ちなみに、遺言することのできる能力（遺言能力（いごんのうりょく））は15歳（さい）以上である（961条）。

(2) 遺言の種類

普通遺言　遺言は、その方式によって普通遺言（ふつういごん）と特別遺言（とくべついごん）に分けられる。普通遺言には自筆証書遺言（じひつしょうしょ）、公正証書（こうせいしょうしょ）遺言および秘密証書（ひみつしょうしょ）遺言がある。最も一般的なものが「自筆証書遺言」であり、遺言者が、その全文、日付（＊月吉日などでは駄目である）および氏名を自書（じしょ）して捺印（なついん）するもので、改（かい）ざんに対処する

ため、文章中の加除訂正についても、その旨を記して特に署名して変更箇所に押印する必要がある（968条）。添付目録は最近の改正でワープロでもかまわないことになった（2018年改正）。自筆証書遺言は、一人でも簡単にできて秘密を保てるが、偽造・変造のみならず、発見後の隠匿の危険を伴う。ときに、他人の「添え手」によって「自書」であることに疑問が残ることもある（最判昭和62・10・8民集41巻7号1471頁）。比較的確実なのは、「公正証書遺言」であり、これは、2人以上の証人立ち会いの下で、遺言者が公証人に遺言の趣旨を口授し、公証人がこれを筆記して読み聞かせ、遺言者及び証人が筆記の正確なことを確認した後、各自署名・押印し、さらに公証人が以上の方式に従って作成された旨を付記して署名押印するという念のいったものである（969条）。ただ、これには内容を秘密にしておけないという短所があるため、遺言者が一人で遺言書を作成して署名・押印し、これを同じ印章で封印し、遺言書が封入されていることを公証人に公証してもらう「秘密証書遺言」もあり、細かな方式が定められている（970条）。1999年、口授の困難な場合や読み聞かせの困難な場合についても、通訳人の通訳による申述についての新たな規定が用意された（969条の2）。

特別遺言 特別遺言は、病気その他の事情で普通方式での遺言ができない状況にある場合に特別に認められる遺言で、遺言者が普通方式による遺言ができる状況になった時から6ヶ月以上生存しているときには、遺言の効力が失われる（976条以下）。たとえば、「一般危急時遺言」は、疾病その他の事由で死亡の危急に迫った者が、証人3名以上の立ち会いの上、その一人に

遺言の趣旨を口授して行い、口授を受けた者はこれを筆記して、遺言者及び他の証人に読み聞かせ、各証人がその正確なことを承認した後、これに署名・押印して完成させるものである（976条）。この危急時遺言は、遺言の日から 20 日以内に裁判所の確認を得なければならない（同条 4 項）。ほかに、伝染病隔離者の遺言（977条）、在船者・船舶遭難者の遺言（978条、979条）などがある。いずれについても、口授の困難な場合や読み聞かせの困難な場合についても規定が用意されている。

（3）遺言の内容

「相続させる」遺言 遺言では、相続人や特別受益者の相続分を変更したり（902条、903条 3 項）、遺産分割の方法を指定し（908条）、一部の相続人や相続人でない者に特定の財産を与えること（特定遺贈964条）が可能である。最近では、不動産の単独での登記申請の可能性や登録免許税との関係で、特定の遺産を特定の相続人に「相続させる」といった表現の遺言も少なくない（「特定財産承継遺言」と呼ばれる）。そのような「相続させる」旨の遺言は、遺産分割の方法を定めた遺言と解されている（最判平成 3・4・19 民集 45 巻 4 号 477 頁）。

（4）遺言自由と遺留分

遺留分 被相続人は、遺言で自分の遺産をいかようにも処分できるのが原則であるが（遺言自由の原則）、これにも限界がある。兄弟姉妹を除く相続人については、遺族の生活保障、相続期待利益の保護の意味もあって、遺産の一定割合を「遺

留 分」として残さねばならないとされているからである（1043
条）。遺留分の割合は、直 系尊属のみが相続人である場合は遺産の
1／3、その他の場合は1／2である。遺 留 分権利者が数人ある場
合は、この1／3、1／2を相続分に応じて更に均等に分けることに
なる。たとえば、配偶者と被相続人の母親が相続人である場合、遺
留分総額は1／2であり、これを各々の相続分に応じて分けるの
で、配偶者2／6、母親1／6となる。遺留分制度は、家制度の残滓
が遺言によって復活することを懸念して立法者が仕掛けた「地雷」
のようなもので、相続人の権利意識が高まった現在、様々なところ
で爆発している。

（5）遺留分減殺請求

遺留分減殺請求権　　遺 留 分が侵害されるような遺贈や贈与がな
されても、それが直ちに無効となるわけで
はない。たとえば、遺言で全財産を長男にのみ与えるとの遺贈がな
された場合、遺留分権利者は、各自の遺 留 分保全に必要な限度で
遺贈の効力を失わせ、既に与えられた財産の返還を請求することが
できるにとどまる。これを遺 留 分減殺請 求 という（1044条）。贈
与は、相続開始前1年間にしたものに限り遺贈と同視される。た
だし、贈与の双方当事者が遺留分権利者に損害を加えることを知っ
てしたときは、1年前のものも同様に扱われる。遺留分減殺請求
は、遺留分権利者が相続開始および減殺すべき贈与又は遺贈のあっ
たことを知った時から1年間行わないときは、時効 消 滅する。相
続開始から10年経過したときも同様である（1048条）。妾に、遺
産を全部贈与するというような場合も、同様に、遺留分減殺請求が

可能であるが、遺贈自体が公序良俗違反となることもあろう（最
判昭和 61・11・20 民集 40 巻 7 号 1167 頁は、そこまで認められなかっ
た事例）。

【一口メモ：土地所有者不明問題】

　最近、震災からの災害復旧や空き家対策などで、土地等の所有者
が判らず対応に苦慮する場面が増えている。その原因は、所有権の
帰属に関するルールや不動産登記手続のあり方に関する問題にあ
る。これまで、相続があっても登記をしないままにして、何代も経
過すると、土地収用などで、相続人全員の同意をとることが困難
な事態も生じていた。日本民法が対抗要件主義を採っていること
や、高額な登記手数料の存在を考えると、わざわざ登記をしてお
く必要もないと考える人がいるため、実態とかけ離れた状態になっ
ていたために、その整備が課題となった。登記の公示力を高める
上でも、このことは必要な作業である。2021 年に、民法および不
動産登記法の改正がなされ、不動産共有者が不明の場合や、相続登
記の義務化が図られた。また、相続等により取得した土地所有権の
国庫帰属に関する法律も立法され、今後施行に移される。放置され
た不動産に関してのルールが変わることになる。

第7節

日本的規範と民法

　最後に、現代社会の変容と民法について、述べておきたい。現代
社会を特徴づける諸要素は実に多彩である。身の回りにある各種の
電化製品や自動車、携帯電話やIT（情報通信）産業関連商品、原子
力、バイオ・テクノロジー、人工生殖技術、AI、IOTなどの例を
あげるまでもなく、科学技術のめざましい進展は我々の日常生活の
在り方を大きく変化させている。その驚異的な利便性とともに、
従来予想もされなかった新たなリスクが、次々と生活の中に持ち込
まれている。技術の進展を支えるハード面での変化は、やがてソフ
ト面に重心を移し、とりわけサービス・役務や情報には、相対的
に重要な役割が与えられるようになった（情報財）。周知のように
高度情報化による情報戦略や情報管理の在り方は、今日ではきわめ
て重要な政治的課題ともなっている。一方で、社会のネットワーク
化や組織化が進行するとともに、他方で、（少なくとも表面上は）個
人の多様な選好や個性が尊重されて多様化が進み、同時に、多くの
社会的問題が物質的側面から個人の「内面」に向かいつつあること
も否定できない。また、生活環境や医療技術の発展は、歴史上ま
れにみる長寿社会をもたらし、少子高齢化社会の到来が語られ

199

てすでに久しい。さらに、人々の活動は容易に国境を越えて展開するようになり（グローバリゼーション）、国家の枠を超えた取引活動や不法行為、身分行為などが数多くみられる。人々の活動の影響は、地域的なものにとどまらず、たとえば、地球規模での環境問題なども意識させるようにもなった。

　こうした高度技術化・IT化・サービス化・情報化・ネットワーク化・多様化・少子高齢化・国際化といったさまざまなキーワードで語られる変化は、新しい法的問題を生みだし、必然的に民法の世界においても新たな対応を要求する。これに、どう対応して、未来を切り開いていくかは、私たち、とくに若い読者の皆さんに課せられた課題である。

【進んだ学習のために】　もう一歩進んだ学習をと考える方には、民法の歴史的基礎について、星野英一「日本民法典 (1)-(4)」同『民法講義（総論）』［有斐閣、1983］所収、同「日本民法学の出発点」『民法論集』第5巻所収、同『法学入門』［放送大学教育振興会、1995］121-149頁。小柳春一郎「民法典の誕生」、池田恒雄「日本民法典の展開 (1) ─民法典の改正─前三編」、大村敦志「民法典の展開 (1) ─民法典の改正─後二編」、水野紀子「比較法的に見た現在の日本法─家族法」（以上、『民法典の百年Ⅰ』［有斐閣、1998］所収）。岩村等「日本近代法史」岩村＝三成＝三成著『法制史入門』［ナカニシヤ出版、1996］4-69頁、水本浩＝平井一雄編『日本民法学史・通史』（信山社、1997）、河上正二『歴史の中の民法』（日本評論社、2001）参照。

　一般向けの解説として、星野英一『民法のすすめ』（岩波新書

[1998])、教科書として、星野英一『民法（財産法）』、同『民法（家族法）』［放送大学教育振興会］が有益である。また、コンパクトに民法全体をまとめたものとして、川井健『民法入門〔第6版〕』［有斐閣、2007］、森泉章編『入門民法』［有斐閣、2005］、大村敦志『基本民法Ⅰ～Ⅲ』［有斐閣］、潮見佳男『入門民法（全）』［有斐閣、2019］、道垣内弘人『リーガルベイシス民法入門〔第3版〕』［日本経済新聞出版、2019］。より詳しい体系書として、我妻栄『民法講義Ⅰ～V₄』［岩波書店］、星野英一『民法概論Ⅰ～Ⅳ』［良書普及会］、鈴木禄弥『民法講義シリーズ』［創文社］、内田貴『民法Ⅰ～Ⅳ』［東京大学出版会］などがある。

　また、河上『民法学入門』［日本評論社、2004］、物権法講義、担保物権法講義、法学セミナー連載（債権各論の不当利得まで進行中）も参照いただければ幸いである。

　民法の学習にとって重要な判例の紹介・解説としては、民法判例百選Ⅰ・Ⅱ［第8版］および家族法判例百選［第3版］［ジュリスト別冊］、判例プラクティス民法Ⅰ、Ⅱ、Ⅲ［信山社］が便利であり、より立ち入った判例紹介として瀬川信久ほか『民法判例集（総則・物権）』、同・（担保物権・債権総論）、同（債権各論）［有斐閣］などがある。最新の判例については、別冊ジュリストの年度版の判例解説、判例リマークスなどが手頃である。

　厳密な法律用語の定義等を知るには、『法律用語辞典〈第5版〉』［有斐閣、2020］、『法律学小辞典〈第5版〉』［有斐閣、2016］も有益である。

問題　ケーキの切り方について

「民法の鳥瞰」を終えた皆さんに、著者からの問題です。

　　3人の子供達（ABC）の母親が、丸いケーキを買ってきて、Bに渡しながら「3人で仲良く分けて食べなさい」と言い、再び、用事で外出した。これに続く、3人の子供達の次の会話について、その意味を分析し、どのような結末が望ましいかを公平の観点から検討しなさい。

　　ちなみに、Aは8歳になる男の子、Bは6歳の女の子、Cは4歳の男の子である。

B：「お母さんが、私に、ケーキを分けて、3人で仲良く食べるようにって言ったんだから、私が分けてあげるからね。」

C：「お姉ちゃんは、自分が大きくなるように切るから、いやだ。」

A：「別に同じ大きさでなくても良いじゃないか。歳の数だけ、身体も大きいんだから、4：3：2で分ければいい。それがだめでも、大きい順に、僕、B、そしてCで選んで食べれば良いんじゃないか。」

B：「なんで歳なの。体重だったら、お兄ちゃんと私は、同じくらいよ。」

A：「でも、背丈なら、僕が一番だ。」

C：「歳も、背丈も、体重も、ぜんぶ僕が一番小さいんだから、いつも損だ。ちゃんと、同じように分けてよ。」

B：「私は女の子だから、お母さん役ね。だから、ケーキは私が切る。」

C：「僕に切らせて。ちゃんと分けるから。」

B：「Cはだめよ。小さいんだから。お姉ちゃんの言うこと聞きなさい。」

A：「分けるんだったら僕が分けるよ。3つに正確に分けるのは難しいんだぞ。この間学校で、分度器を使って120度で円が3等分になるのを勉強したんだ。」

B：「そんなこと言って、自分の分は大きく切るつもりなんでしょ。信じられない。」

A：「わかった、わかった。じゃあ、お兄ちゃんが、できるだけ同じ大きさになるように3つに分けてやるから、一番小さいCから順に、好きなのをとればいい。それなら文句ないだろ。」

C：「お母さんの分をとっておいてあげれば、4つに分けられるよ。」

A：「なるほど。それなら簡単だ。」

B：「まったく。お母さんは、いらないから3人で分けて食べなさいって言ったのよ。そんなこというんだったら、お父さんの分はどうすんのよ。」

C：「お母さんが帰ってくるまで待とうよ。」

B：「じゃあ、隣のおばさんを呼んできて切ってもらおうか」

A：「まったく。お兄ちゃんだってうまく切れるさ。」

　　なお、この問題が気になる人は、道垣内正人『自分で考えるちょっとちがった法学入門』（有斐閣、1993年）も参照。

〈著者紹介〉

河上 正二（かわかみ しょうじ）

東京大学名誉教授、東北大学名誉教授、青山学院大学客員教授
1953年愛媛県生まれ。1982年東京大学大学院法学政治学研究科博士課程修了。法学博士（東京大学）。
〈主要著作〉『約款規制の法理』（有斐閣、1998年）、『民法学入門〔第2版増補版〕』（日本評論社、2014年）、『民法総則講義』（日本評論社、2007年）、『物権法講義』（日本評論社、2012年）、『担保物権法講義』（日本評論社、2015年）、『実践消費者相談』（編著、商事法務、2009年）、『消費者契約法改正への論点整理』（編著、信山社、2013年）、『消費者委員会の挑戦』（信山社、2017年）、『歴史の中の民法──ローマ法との対話』（訳著：オッコー・ベーレンツ著、日本評論社、2001年）、『遠隔講義 消費者法〔第2版〕』（信山社、2021年）

新ブリッジブック

鳥 瞰 民 法（全）

2021(令和3)年 9 月 10 日　第 1 版第 1 刷発行

©著　者　河　上　正　二

発行者　今　井　　　貴
　　　　稲　葉　文　子
発行所　㈱　信　山　社

〒113-0033 東京都文京区本郷6-2-102
電話 03(3818)1019　FAX 03(3818)0344
info@shinzansha.co.jp

Printed in Japan, 2021　　印刷・製本／藤原印刷株式会社

ISBN 978-4-7972-2943-1 C3332 ¥1700E

さぁ、「新ブリッジブック」の扉を叩こう！

　本シリーズは、グローバル化と変革の中で、新たな価値を創造する力を育成し、翔く人材を育成するための、新たな架け橋 (ブリッジ) です。

　これからの社会の中で、社会人＝プロとして生きるためには、基本の修得と、それを応用していく能力が、日々あらゆる場面で要求されます。高校までに学んできたことは、野球のキャッチボールのような「基本の基本」です。また、これから学ぶ専門分野も、プロから見ればほんの「基本」に過ぎません。ただ、この「基本」の修得が、社会で必要となる応用能力へブリッジともなります。

　野球でいえば、その「基本」である、正確なスローイング、キャッチング、そして、芯でとらえるバッティング、隙を逃さない走塁。これらがうまくできるようになって、チームプレーとしての戦略が可能になります。プロの世界は、「基本」を応用して、高度なアイディアや独創性をもった頭脳的なプレーが要求されます。

　これから学ぶのは、そんな高度なプレーのための土台となる入口です。いきなりホームランは打てません。総合的な視点から「基本」を修得して、多様な世界で活躍していける応用力を身につけましょう。一流プレーヤーになるための第一歩として、さぁ、「新ブリッジブック」の扉を叩こう！

2020 年 12 月

　　　　　　　　　　信山社『新ブリッジブック』編集室

● 判例プラクティスシリーズ ●

判例プラクティス民法 I 〔総則・物権〕
判例プラクティス民法 II 〔債権〕
判例プラクティス民法 III 〔親族・相続〕
〔第2版〕
　　松本恒雄・潮見佳男 編

判例プラクティス憲法 〔増補版〕
　　憲法判例研究会 編
　　淺野博宣・尾形健・小島慎司・宍戸常寿・曽我部真裕・中林暁生・山本龍彦

判例プラクティス刑法 I 〔総論〕
　　成瀬幸典・安田拓人 編
〔第2版〕

判例プラクティス刑法 II 〔各論〕
　　成瀬幸典・安田拓人・島田聡一郎 編

信山社

遠隔講義 消費者法 2021／河上正二 著

消費者法研究 1〜9号 続刊
　／河上正二 責任編集

民法研究 第2集（東アジア編）1〜9号 続刊
　／大村敦志 責任編集

不法行為法における法と社会—JR東海事件か
ら考える【民法研究レクチャー・シリーズ】
　／瀬川信久 著

新債権総論Ⅰ・Ⅱ／潮見佳男 著

新契約各論Ⅰ・Ⅱ／潮見佳男 著

信山社